Goldnes Gleichnis
Herbst

Andreas Felger

Herbst

Aquarelle

Goldnes Gleichnis

Mit Gedichten und Prosa von
Ingeborg Bachmann, Albrecht Goes, Hermann Hesse, Rainer Maria Rilke, Jan Skácel, Theodor Storm,
Georg Trakl, Carl Zuckmayer und vielen anderen,
ausgewählt von Oliver Kohler.

Präsenz

Der Anfang kühlerer Tage
7

Fallt, ihr Blätter
25

Schön die Scheune
33

Aber der Mensch
47

Nebelmorgen
59

Zeit des Abschieds
67

Im schwarzen Grün
79

Wie alles sich verwandelt
93

Bibliographie / Quellen
102

Der Anfang kühlerer Tage

Hermann Hesse
Verfrühter Herbst

*Schon riecht es scharf nach angewelkten Blättern,
Kornfelder stehen leer und ohne Blick;
Wir wissen: eines von den nächsten Wettern
Bricht unserm müden Sommer das Genick.*

*Die Ginsterschoten knistern. Plötzlich wird
Uns all das fern und sagenhaft erscheinen,
Was heut wir in der Hand zu halten meinen,
Und jede Blume wunderbar verirrt.*

*Bang wächst ein Wunsch in der erschreckten Seele:
Daß sie nicht allzu sehr am Dasein klebe,
Daß sie das Welken wie ein Baum erlebe,
Daß Fest und Farbe ihrem Herbst nicht fehle.*

Richard Exner
Sommerwende

Heuer geschehen keine Wunder.
Unter ihren Augen windet sich
die Schlange und entkommt
in einen Riß des Hügels
den seit Ostern die Sonne martert.
Märtyrerblut der Tau am Morgen
und kostbar auf der Zunge
wenn im Schatten der Stein
brennt. Und die Erde zittert
vor solchem Feuer. Wie ihre Hand.
Sie lag sehr still und wog
in diesem viel zu flachen Gefäß
einen Rest Zärtlichkeit, der, ehe
sie sich von ihm löste, schon fast
verdunstet war. Er wandte sich ihr zu
und fragte: Wer schenkt im Herbst
den Gärten den Gesichtern Wasser?

THEODOR STORM
Im Herbste

Es rauscht, die gelben Blätter fliegen,
Am Himmel steht ein falber Schein;
Du schauerst leis und drückst dich fester
In deines Mannes Arm hinein.

Was nun von Halm zu Halme wandelt,
Was nach den letzten Blumen greift,
Hat heimlich im Vorübergehen
Auch dein geliebtes Haupt gestreift.

Doch reißen auch die zarten Fäden,
Die warme Nacht auf Wiesen spann –
Es ist der Sommer nur, der scheidet;
Was geht denn uns der Sommer an!

Du legst die Hand an meine Stirne
Und schaust mir prüfend ins Gesicht;
Aus deinen milden Frauenaugen
Bricht gar zu melancholisch Licht.

Erlosch auch hier ein Duft, ein Schimmer,
Ein Rätsel, das dich einst bewegt,
Daß du in meine Hand gefangen
Die freie Mädchenhand gelegt?

O schaudre nicht! Ob auch unmerklich
Der schönste Sonnenschein verrann –
Es ist der Sommer nur, der scheidet;
Was geht denn uns der Sommer an!

O wie schnell ist das wieder gegangen mit dem Herbstwerden! Dies Jahr war es ja ein Spätsommer ohnegleichen, er schien nie enden zu können, Tag um Tag wartete man, nach scheinbar sicheren Anzeichen, auf Regen, auf Wind, auf Nebel, aber Tag um Tag stieg klar, golden und warm aus dem Seetal herauf, nur ging die Sonne Tag für Tag eine Idee später auf und kam nicht mehr über denselben Bergen herangestiegen, wie die Sommersonne es tat, sondern ihr Aufgangspunkt war weit verschoben. Die Tage selbst waren einer wie der andere Sonnentage, die Morgen kräftig leuchtend, die Mittage heiß und brennend, die Abende farbig verglühend. Und nun ist, nach einem ganz kurzen Wetterwechsel, der bloß zwei Tage dauerte, doch auf einmal der Herbst hereingeschlichen, und nun kann es am Mittag noch so warm und am Abend noch so golden strahlend werden, es ist doch längst kein Sommer mehr, es ist Sterben und Abschied in der Luft.

Abschied nehmend – denn morgen will ich für Monate fortreisen – schlenderte ich durch den Wald. Von weitem sieht dieser Wald noch ganz grün aus, in der Nähe aber sieht man, daß auch er alt geworden und nah am Sterben ist, das Laub der Kastanien knistert trocken und wird immer gelber, das feine spielende Laub der Akazien blickt zwar an manchen feuchten kühlen Waldstellen und Schluchten noch tief und bläulich, aber überall schon durchstreift und durchglänzt von welken Zweigen, an denen die grellgoldenen Blättchen einzeln schimmern und bei jedem Hauch herabzutropfen beginnen.

Hier beim Graben, wo das welke Laub sich schon häuft, obwohl die Wipfel alle noch voll scheinen, hier habe ich im vergangenen Frühling, in der Zeit vor Ostern, die ersten zweifarbigen Blüten des Lungenkrautes gefunden, und große Flächen voll von Waldanemonen, wie roch es damals feucht und krautig hier, wie gärte es im Holz, wie tropfte und keimte es in den Moosen! Und jetzt ist alles trocken, tot und starr, das welke holzige Gras und die welken dürren Brombeerranken, alles klirrt, wenn der Wind anhebt, dünn und spröde aneinander. Nun pfeifen überall in den Bäumen noch die Siebenschläfer; die werden im Winter schweigen ...

HERMANN HESSE

Traumstiller Septembertag.
Heute dürfen meine Füße mich tragen,
wohin sie wollen.

                    Kyoshi

RUDOLF ALEXANDER SCHRÖDER

September-Ode

1

Mir ist noch immer, wie mir vorzeiten war,
Als durch den Garten, unter den hangenden,
      Fruchtüberladnen Apfelbäumen
    Mitten ins Schattengewirr der Vollmond

Aufs Rasenfeld verlorene Zeichen schrieb,
Die sich verschoben, wenn aus dem knorrichten,
      Umfinsterten Genist ein Apfel
    Fiel und die raschelnden Zweige wankten.

Der Nußbaum stand vor breiterer Dämmerung
Und barg in Blätterbuchten die reife Tracht,
      Da schon ins Gras vereinzelt schwarzer,
    Bitterer, beizender Abfall hinlag

Und modrig barst, und aus dem zerschlißnen Balg
Die Kerngehäuse kollerten. – Apfelruch
      Und brauner Würzgeschmack der Walnuß
    Lief mit dem Atem der Spätjahrsrose

Durch schalen Heuduft sterbender Sommerzeit
Und schräger Mond, der drüben im schlummernden,
      Im Strom den schmalen Spiegelstreifen
    Zog, den die Schleier des Schilfrohrs säumten.

September war's und heitere Nacht und warm,
Warm wie die Nacht hier droben und hell, wie hier
      Der volle Mond durch Apfelbäume
    Blickt und am Grunde die Schatten sprenkelt.

2

Mond und September, Schatten im Gras und Nacht.
Und heut? Und morgen? Wähnst du noch allzeit, Herz,
      Als wär dein erstes und dein letztes
    Wieder das gleiche Gesicht? Ein Anfang,

Ein unaufhebbar deiniger? – Andres ward.
Denn hier steht Sommer, Sommer auf steilem Land.
      Blick hin: ob nicht im Silberzwielicht
    Silbern durch spärliches Laub der Firn glänzt.

Und doch! Und aber! Sternengewölk am Berg
Und warme Nacht. Und über dem Wiesenrain
      Das schräge Licht. Und von gemähten
    Gräsern der Rauch; und die Rose duftet.

Wohl. Anders ward's. – Ein Leben wird ausgelebt;
Und jeder Aufblick unter den Wimpern trägt
      Ein neu Gesicht und zeigt dir andre,
    Fremde: und freilich, der Zufall haftet

Nicht, wo er hinfiel. Wandern ist Menschenlos,
Dein Los und aller. Bist du der Junge noch,
      Der einmal stand, dem unter dunkel
    Raunenden Zweigen das Herz geschaudert?

Bist du der Alte? – Frage dich nicht. Blick hin.
Nicht mit den Jahren altet das Herz. Hier gilt
      Und heut, was immer galt: September,
    Mond und ein Schatte von Apfelbäumen.

3

Im hohen Sommer, Freunde, gedenk ich euch.
Ich bin's. Noch immer. Aber ihr andern, sagt,
      Seid ihr's? Und dünkt mich doch, als dürft es
Nur meinen Finger, um euch zu fassen.

Ihr kamt im Mittag unter die Schatten her
Und kommt bei Nacht; und älteste Worte gehn
      Vom Mund zu Mund, und ein Gelächter
Waltet im Kreis, und Gesang wird rege.

Ihr denn und ich. – Und immer das alte Jahr
Blüht mit dem Frühling, schüttet den Herbst hervor
      Schleicht mit dem Fluß durch Sommerschwaden,
Schichtet das Wintergehölz im Herde.

Blickt nicht die Röte morgens herauf, blickt nicht
Zum Abend nieder? Atmet nicht Sterngewölk
      Und glüht der Mittag? Einig Leben,
Einig und allen vertraut, wie Treue,

Die zwischen Menschen waltet, ein erst Gesicht,
Uns unverfremdbar, die wir die gleichen sind
      Und gleiche waren, Mann dem Manne,
Knabe dem Knaben; und wird nicht anders.

Drum bleibt mir eines, wie mir das andre blieb,
Herbst und der Sommer, Berg und das Rasenfeld,
      Da mir der Mond im Äpfelschatten
Ehe sein Zeichen: September hinschrieb.

4

Mond und Gewölk und Schatten im Gras und Nacht.
Und stehst und kennst dich, daß du der Alte bist
      Und nicht das Kind. Und kennst die Freunde
Fern und verschollen und weißt, die leben,

Nicht minder einsam, als es die Toten sind;
Einsam wie du. Kränkt jeden der gleiche Raub.
      Ah, wahrlich, rascher denn die Jahrszeit
Altern und wandeln die Menschenherzen!

Willst's angedenken? Alles Gedenken trügt.
Willst in das Deine kehren? Die Lampe winkt
      Wie sonst vom Fenster; zwar die gleiche
Nimmer und nimmer das Haus, das eine,

Das dir zu eigen hörte, das Heimathaus,
Dein erst Gesicht. – So sage nur: Mein; du lügst.
      Es ist geliehn, ist wie der Wechsel
Sonnen und Monden; und auch die Treue

Fährt mit dem Wind, läuft schneller denn Wind. Ein Sand
Verschluckt den Wassertropfen. – Der Mensch gewahrt
      Nur wenig Jahre. Wohl, sein Herz faßt
Auch von den wenigen kaum ein Wenigs.

Und doch. Hier dies begreift er und hat und hält's,
Ein unabdingbar Eigenes: Ewigkeit
      Gilt hier vor meinem Fuß, den Mondlicht
Malen und Gartengezweig, der Schatte.

zurückzukehrn vom apfel in die blüte
blieb uns keine kraft
wir dankten ende september
und beteten im dezember

JAN SKÁCEL

Wenn es Herbst werden mußte, konnte es vorkommen, daß der See aussah wie zugefroren.

Ein Landregen fiel.

Eines Abends auf einmal die Gräue, flach dahergeschoben graue träge Wolken, immer dichter, immer niedriger die flache Decke. Der Föhn war eingeschlafen und es begann zu nieseln und zu rieseln und wurde dunkelgrau und dunkler und der Regen dichter, es regnete ohne Wind und ohne Schübe ganz ruhig und gleichmäßig eine Nacht lang und einen Tag lang und die ganze nächste Nacht und den ganzen folgenden Tag und regnete in der Nacht drauf noch immer. Ein Landregen konnte eine ganze dunkle Woche lang anhalten, eine Woche oder länger. Manchmal eine kurze tröpfelnde Pause für das alte Witzchen vom Sauwetter: nicht einmal seinen Hund würde der Metzgermeister Leberwurst bei solchem Wetter hinter dem Ofen hervorrufen – „Eh, Marie, hol mir drüben im Leuen eine neue Flasche Schnaps!"

Und schon sträzte wieder der Regen öder als zuvor. Oder er begann ganz leise, fast heimlich, und das war das schlechteste Zeichen: jetzt kam auch die Kühle, die Naßkälte, sie trieb den Sommer vollends aus, sie trieb den Duft aus allem und jedem, sie drückte nieder, sie beugte und brach das Jahr, sie ließ alle Farben noch einmal erglänzen und laugte sie aus. In den Kellern drückte dunkle Feuchtigkeit durch die Wände, und gräneliger Geruch hockte in den Spinnenwinkeln herum.

Draußen die Bucht war wie von erstem Scheibenfrost überzogen und hatte helle graue Streifen, das Wasser lag reglos unter dem steten Getriefe, und die Ufer verschwanden grau hinter grauem Dunst.

Ein Kahn stieß einen schwarzen Keil in diese endlose Reglosigkeit. Samuel Beck der Fischer stand drin in knallgelbem Gummizeug. Später als sonst fuhr er hinaus zu seinen Netzen. Bei der Badeanstalt waren die Oberlichter überall schon zugeklappt. Noch zwei drei Wochen, dann wurden die Türen geschlossen und die Scherengitter davorgezogen. Dann schnappten die Kettenschlösser zu.

GEROLD SPÄTH

Fallt, ihr Blätter

Rainer Maria Rilke
Herbst-Abend

*Wind aus dem Mond,
plötzlich ergriffene Bäume
und ein tastend fallendes Blatt.*

*Durch die Zwischenräume
der schwachen Laternen
drängt die schwarze Landschaft der Fernen
in die unentschlossene Stadt.*

Ingeborg Bachmann
Fall ab, Herz

Fall ab, Herz, vom Baum der Zeit,
fallt, ihr Blätter, aus den erkalteten Ästen,
die einst die Sonne umarmt,
fallt, wie Tränen fallen aus dem geweiteten Aug.

Fliegt noch die Locke taglang im Wind
um des Landgotts gebräunte Stirn,
unter dem Hemd preßt die Faust
schon die klaffende Wunde.

Drum sei hart, wenn der zarte Rücken der Wolken
sich dir einmal noch beugt,
sei hart, wenn der Hymettos die Waben
noch einmal dir füllt.

Denn wenig gilt dem Landmann ein Halm in der Dürre,
wenig ein Sommer vor unserem großen Geschlecht.

Und was bezeugt schon dein Herz?
Zwischen gestern und morgen schwingt es,
lautlos und fremd,
und was es schlägt,
ist schon sein Fall aus der Zeit.

Günter Kunert
Dem Oktober zu

Vielerlei Herbste
abgefallene Blätter bewegt
von keinem Windhauch
und von keinem Besen. Deckendes
Dach unsichtbarer Tiere.
Ähnlich hause auch ich
unter Büchern
überkommen aus Jahrhunderten
als wären das Bäume gewesen.

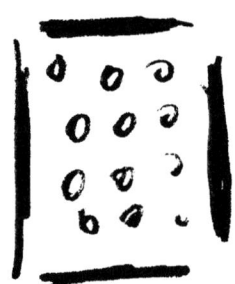

Schön die Scheune

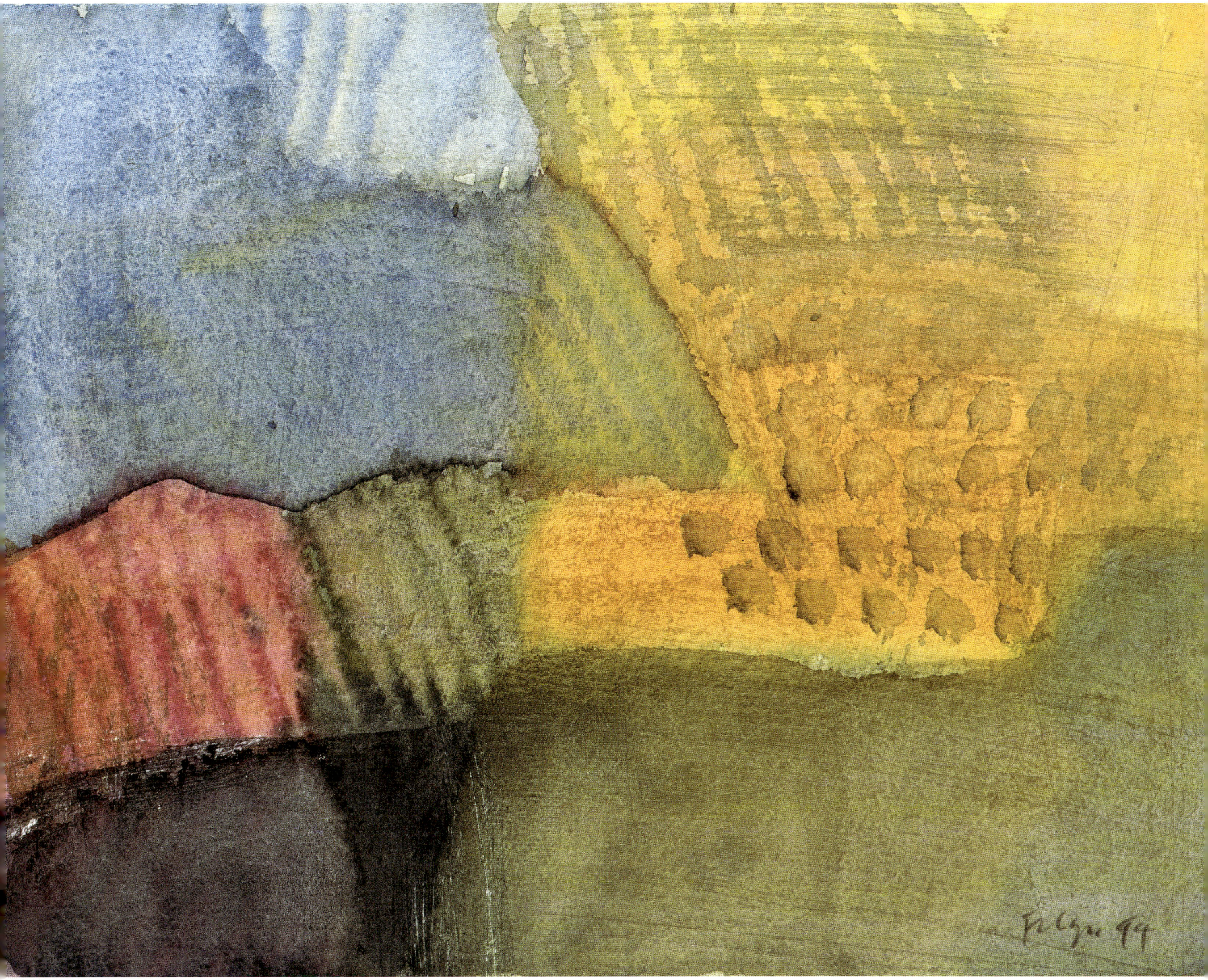

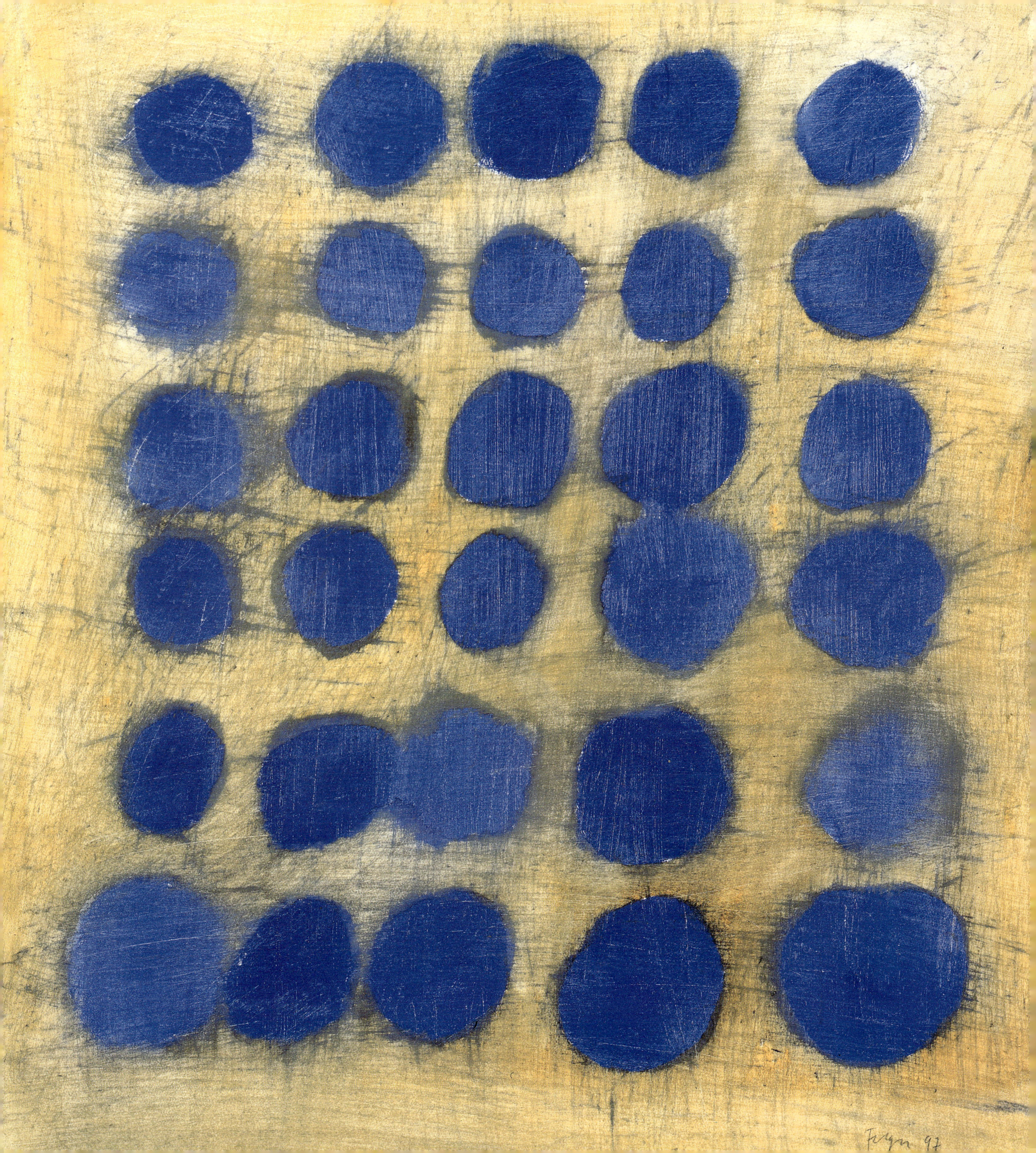

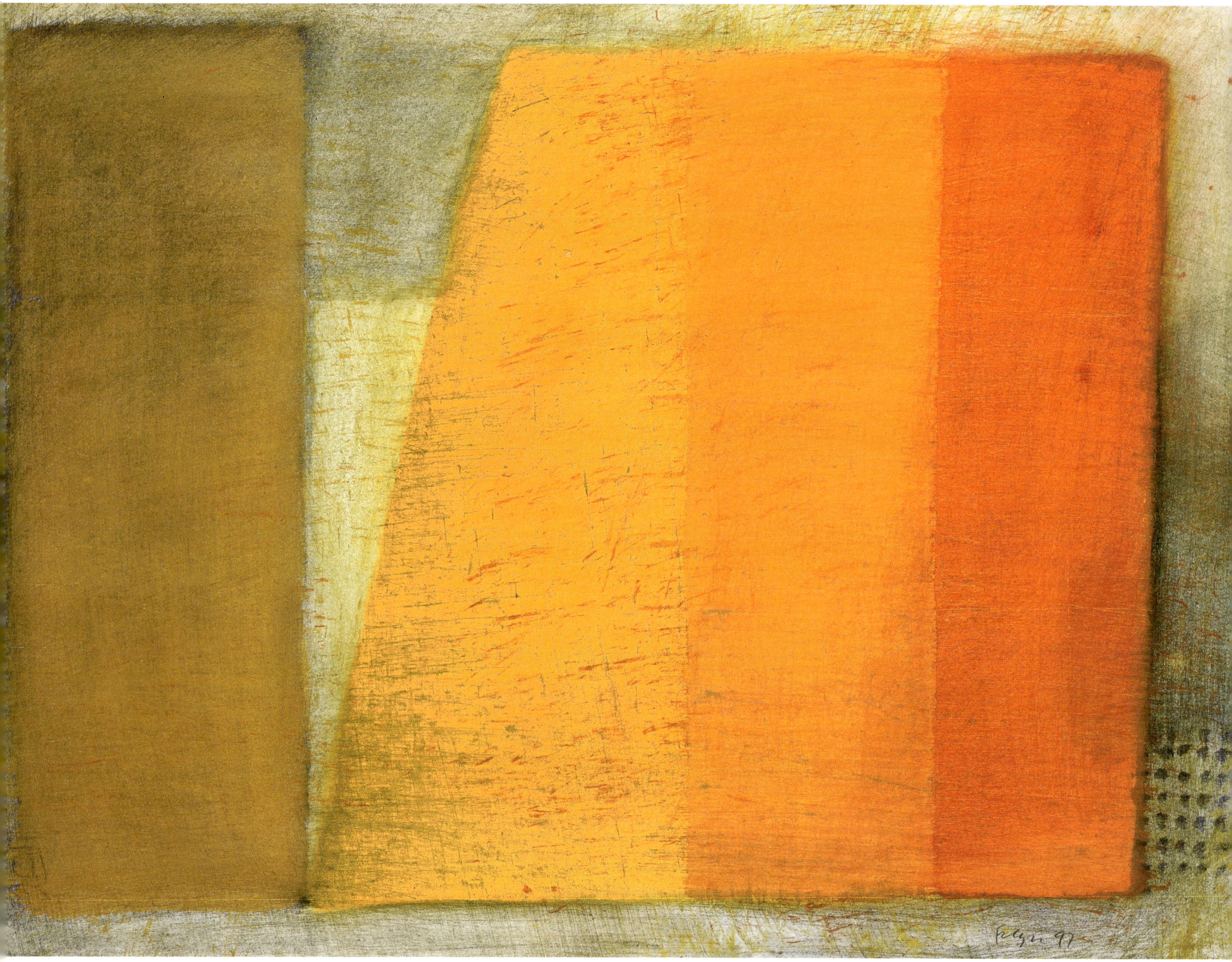

*Die Ernt ist da, es winkt der Halm
dem Schnitter in das Feld,
laut schalle unser Freudenpsalm
dem großen Herrn der Welt!*

*O der du uns so freundlich liebst
und segnest unser Feld
und uns die reiche Ernte gibst,
gelobt sei, Herr der Welt!*

*Wer machte diese Menschenwelt
zum Bau der Erde klug?
Der Acker wär ein Distelfeld,
verlassen von dem Pflug.*

*O jede Kunst ist, Gott, von dir,
du hast sie uns gelehrt;
vor aller Weisheit danken wir
der Weisheit, die uns nährt.*

*Sie legte in ein Korn so klein
die sechzigfache Kraft,
gab ihm vom Himmel Sonnenschein
und milden Lebenssaft.*

*O Höchster, deine Wunder sind
so gut, so zahlenlos,
so groß im Regen, Sonn und Wind,
im kleinsten Korn so groß.*

*Lobt ihn mit Furcht, den Herrlichen,
der in Gewittern wohnt;
lobt ihn mit Dank, den Gütigen,
der donnernd uns verschont!*

*Des Schnitters Tag ist lang und schwül;
doch freudig ist sein Mut:
sein Auge sieht der Garben viel,
den Schöpfer, treu und gut.*

*Dein Segen ist's, der alles tut;
wenn Halme kärglich stehn,
o laß uns mit getrostem Mut
auf deinen Reichtum sehn!*

*Bald schien es jüngst um uns getan
in unsrer Teurung Not;
er sah die Erde segnend an,
da gab sie reichlich Brot.*

*Du öffnetest die reiche Hand,
die uns verschlossen schien,
und ließest im entlegnen Land
ein Kornfeld für uns blühn.*

*Gott, welch ein Bild: die ganze Welt,
wohin das Aug sich dreht,
ist nur ein einzges großes Feld,
mit Menschenbein besät!*

*Wohlauf! das Kornfeld gelbt schon sehr,
bald wird die Ernte sein;
du sammelst sie, der Ernte Herr,
in ewge Scheunen ein.*

Johann Ludwig Huber

So lernte ich die Gegend um Juvardeil ebensogut kennen wie ein kleiner Bauer und nahm regelmäßig im September an der Zeremonie, die den Sommer beschließt, teil: an der Apfelernte. Vielleicht sollte ich sie besser Apfellese nennen, denn es handelte sich darum, die heruntergefallenen Äpfel im dichten Gras aufzufinden und in große Weidenkörbe zu füllen. Hier hatte ich es viel bequemer als sonst, denn ich brauchte nur zu kriechen, mit den Händen alle Löcher zu durchsuchen, aus Nähe und Distanz zu tasten. Meine Finger arbeiteten dabei wie Suchscheinwerfer. Zudem war die Ernte im September reif, war schon schwer und faulend, mit einem Duft nach Alkohol.

Von den Äpfeln schweift meine Erinnerung zu den Heuhaufen. In Frankreich herrscht auf dem Land die Sitte, das Heu schon auf der Wiese aufzuhäufen, bevor es in die Scheunen gebracht wird. Dann kommen Tage, duftender und toller als alle anderen. Denn diese enormen Heuhaufen, die man in Anjou die veilles, »Wachen«, nennt, stehen auf den Wiesen verstreut wie vulkanische Inseln oder zerzauste Pyramiden. Die Bauern mögen es nicht, wenn man diese Berge besteigt. Zehn zu allem entschlossene Buben reichen völlig aus, das ganze kunstvolle Bauwerk in einer Stunde niederzureißen und in alle Winde zu verstreuen. Die Buben wiederum – und nicht zuletzt ich – hatten ganz andere Dinge im Kopf als den Besitzer des Heus.

Für gewöhnlich hält ein Strick den Haufen zusammen und macht aus ihm einen sauber geordneten Block inmitten des Feldes. Man hält sich am Strick und klettert hinauf. Nun beginnt eine wilde Orgie, ein Stampfen, Niederplumpsen, Stoßen, verbunden mit Schrammen und Liebkosungen, und das alles in einer wirbelnden Wolke würzigen Staubs. Ich glaube nicht, daß dieses Spiel etwas vom wirklichen Leben vorherahnen läßt. Wenn es aber doch der Fall ist, dann kann es nur den ersten Ausbruch der Liebe bedeuten.

Jacques Lusseyran

*Småland im Herbst bewahrt noch Beerenduft,
der karge Boden der Notjahre und Bethäuser
birgt unter Goldlaub sinnliche Süße
verstohlen spiegeln sich Fichtenwald und Höfe
im stillen See, rosarot am Abend.
Das Småland der Steinwälle hält Feiertag
im Herbst.*

CORDELIA EDVARDSON

Johann Heinrich Voss
Obstlied

Wohl ist der Herbst ein Ehrenmann;
Er bringt uns Schnabelweide.
Auch Nas' und Auge lockt er an
Und überspinnt, thalab, bergan
Das Feld mit bunter Seide!

Schon lange lüstet uns der Gaum',
Aus seinem Korb zu naschen!
Wann reift doch Apfel, Pfirsch und Pflaum'!
Oft sehn und hören wir im Traum,
Wie's niederrauscht, und haschen.

Schaut auf und jubelt hoch im Tanz,
Wie sich die Bäume färben!
Gelb, roth und blau in buntem Glanz!
Er kommt, er kommt, im Asterkranz,
Der Herbst mit vollen Körben!

Von Früchten regnet's rund herum,
Und was nur gehn kann, sammelt:
Der eine läuft den andern um,
Der schreit und macht den Rücken krumm;
Und alles schmaust und dammelt.

Was blinkt von jener Mauer her
So gelb und schwarz im Laube?
Die Leiter an! Wie voll und schwer!
Den Trauben drängt sich Beer' an Beer',
Den Ranken Traub' an Traube!

Was rauscht und klappert dort und kracht?
Da hagelt's welsche Nüsse!
Frisch abgehülst und aufgemacht!
Wie euch der Kern entgegenlacht,
Milchweiß, voll Mandelsüße!

Der Baum dort mit gestütztem Ast
Will euch so gerne geben!
Den Apfelbrecher her in Hast,
und nehmt behend ihm seine Last,
Im Winter hoch zu leben!

Am Abend prang', o Herbst, zur Schau
Dein Opfer auf dem Tische;
Ein hoher Pyramidenbau
Von edler Frucht, gelb, roth und blau,
In lachendem Gemische!

Komm, Boreas, und stürme du
Das Laub den Bäumen nieder!
Wir machen dir das Pförtchen zu
Und naschen Nuß und Obst in Ruh,
Und trinken klaren Cider!

Gerne denke ich an den Knecht, der mit einem alten abwärts gebogenen Hute wie ein Soldat aus dem Dreißigjährigen Krieg im Morgendunst auf dem dampfenden Pferde saß und die Mähmaschine führte. (...) Da ich der Arbeit nicht gewachsen war, erschwerte ich sie meinen Kameraden. Nur zum Hinaufreichen der Garben war ich zu gebrauchen. Ich erinnere mich, daß ich unter ausbrechendem Gewitter, als alle davonhasteten, mit verletztem Knie auf dem Acker lag; eine Woche konnte ich im Bett liegen und lesen.

Eine Gruppe von Frauen und Mädchen kam zum Schafscheren. Wir mußten unter nicht eindeutigen Scherzen die Tiere binden und auf die langen Tafeln legen, wo sie sich zuckend die Scheren gefallen ließen. Als die Felder leer waren, begann das Mosten. Ich wurde dem aus dem Dorfe gerufenen Küfner zugeteilt: er war eine Merkwürdigkeit; denn es ging von ihm das Gerücht, daß er ein Gedicht gemacht habe, „Das Lied von der blühenden Rose". Irre ich nicht, so war es an eine Rot-Kreuz-Schwester gerichtet, die ihn im Lazarett gepflegt hatte. In den mächtigen Gewölben, auf denen das Schloß ruhte, machten wir uns mit den Fässern zu schaffen: wir reinigten sie, schleppten und wälzten sie herum, luden die Äpfel aus, schütteten sie in die Presse und tranken nach Belieben. Draußen füllte der Nebel das Felsental. Der betäubende Duft des gärenden Mostes, die Felsenkühle des Kellers, das Singen der fernen Dreschmaschine, wo die armen Kameraden im Staube erstickten, die dämmernde Abseitigkeit, das Unterirdische taten mir wohl.

REINHOLD SCHNEIDER

*alles schmerzt sich einmal durch bis auf den eignen grund
und die angst vergeht
schön die scheune die nach längst vergangnen ernten
leer am wegrand steht*

JAN SKÁCEL

*Des Chormeisters,
ein Harfenlied Dawids, ein Gesang.*

*Dir ist Preisung geziehmend,
Gott, auf dem Zion,
dir wird Gelübde bezahlt.
Hörer du des Gebets,
zu dir hin darf alles Fleisch kommen.
Die Reden der Verfehlungen,
überwältigen sie mich:
unsre Abtrünnigkeiten,
du bists, der sie bedeckt.
O Glück dessen,
den du wählst und näherst,
daß er in deinen Höfen wohne!
Mögen wir ersatten
an dem Gut deines Hauses,
der Heiligkeit deiner Halle!
Furchtgebietend,
in Wahrhaftigkeit antwortest du uns,
Gott unserer Freiheit,
Sicherheit aller Enden der Erde
und des Meeres der Fernen!
Der mit seiner Macht aufrichtet Berge,
umpanzert mit Heldengewalt,
der schwichtigt das Toben der Meere,
das Toben ihrer Wogen,
und das Rauschen der Nationen!
Erschauern die Siedler der Enden
von deinen Zeichen,
die Aufgänge des Morgens und Abends
machst du jubeln.*

*Du ordnest dem Erdreich zu
und heißest es strotzen,
vielfältig bereicherst du es,
mit dem Gottesbach voller Wasser
zurichtest den Kornstand du ihnen.
Ja, so richtest du es her:
seine Furchen netzend,
senkend seine Schollen,
du lockerst es mit Rieselregen,
du segnest sein Gesproß.*

*Mit deinem Gute krönst du das Jahr,
von Fette triefen deine Geleise,
die Anger der Wüste triefen,
mit Gejauchze gürten sich die Hügel,
die Wiesen bekleiden sich mit Schafen,
mit Getreide umhängen sich die Täler,
sie schmettern einander zu,
sie singen gar.*

Aber der Mensch

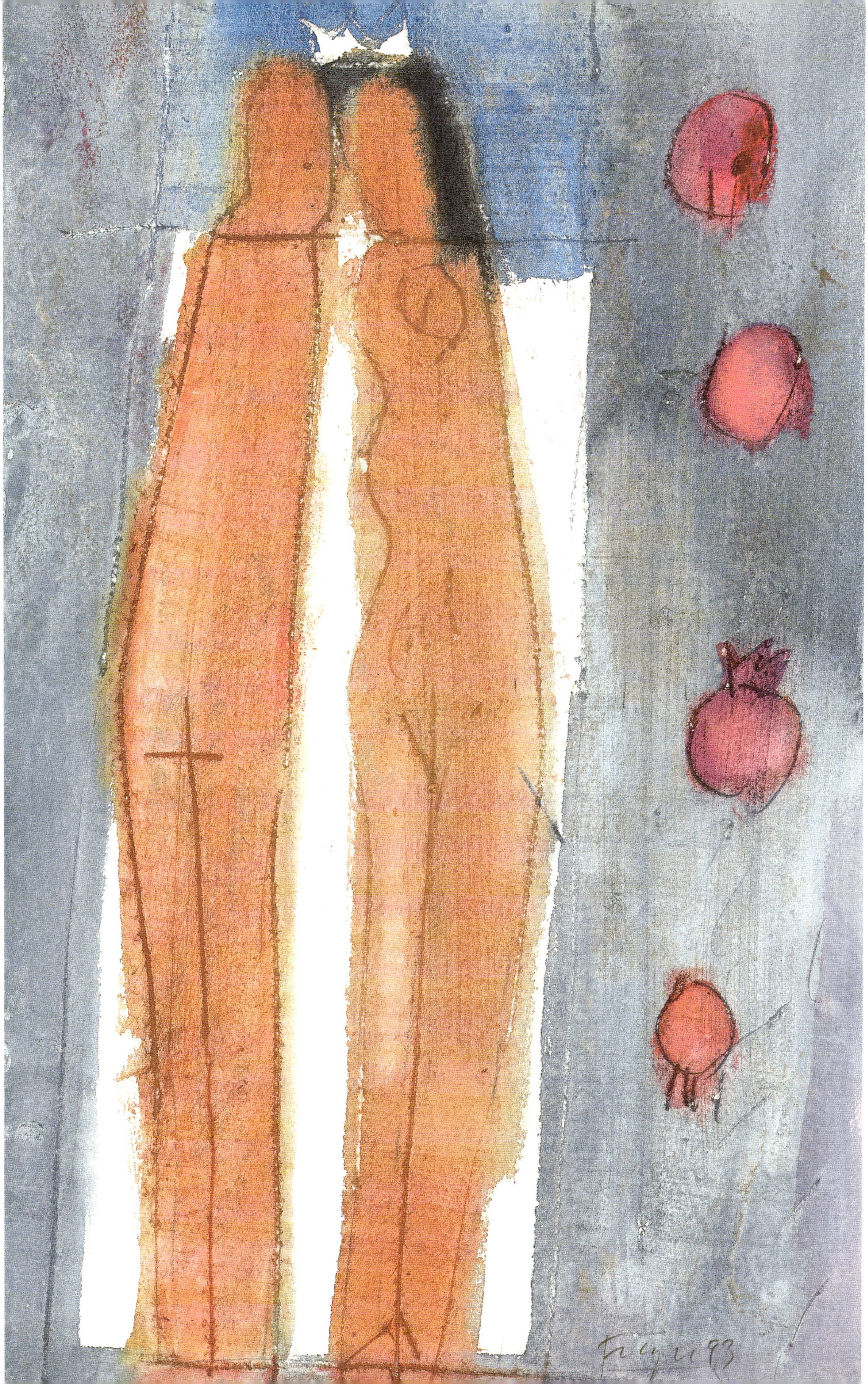

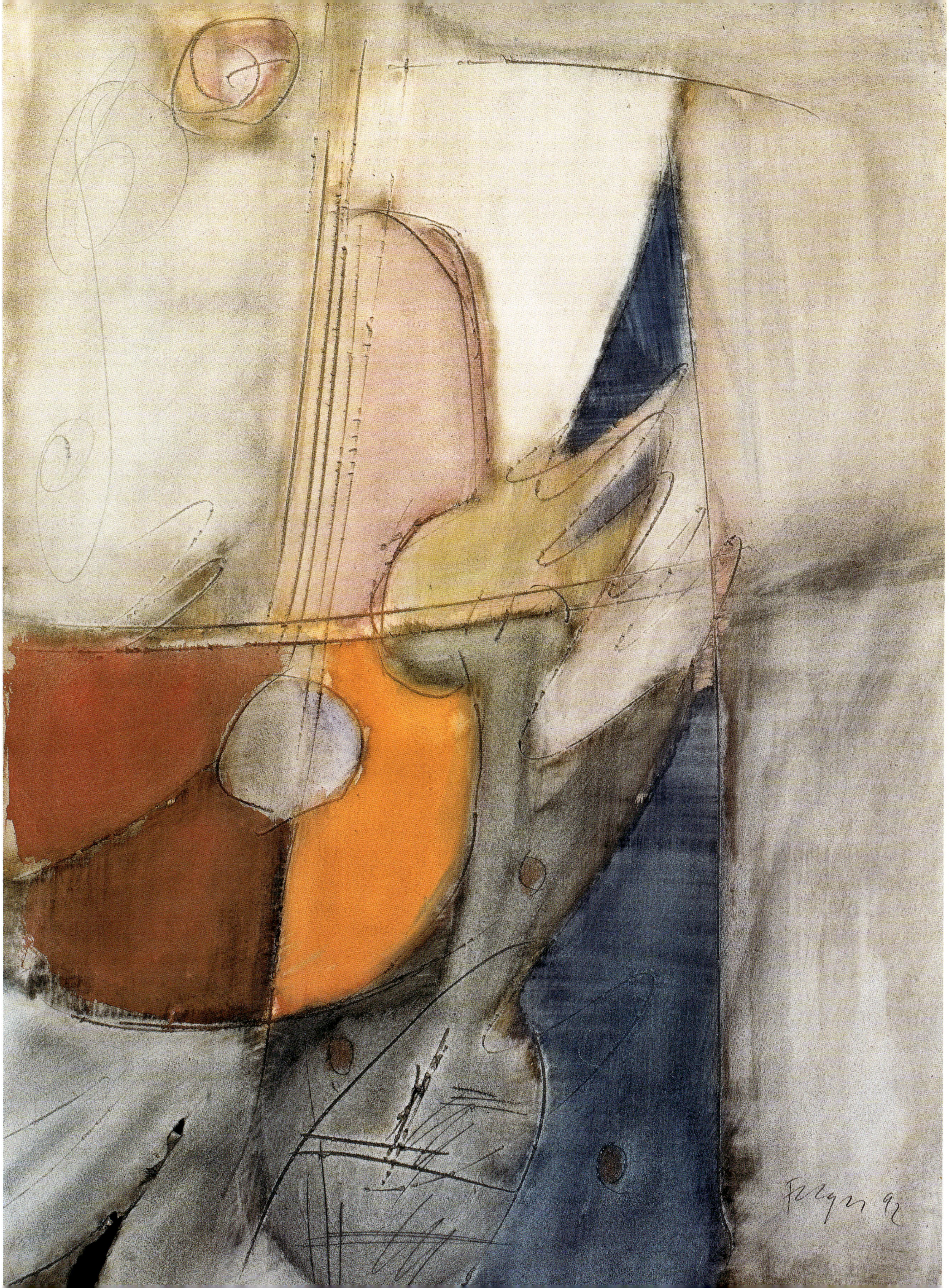

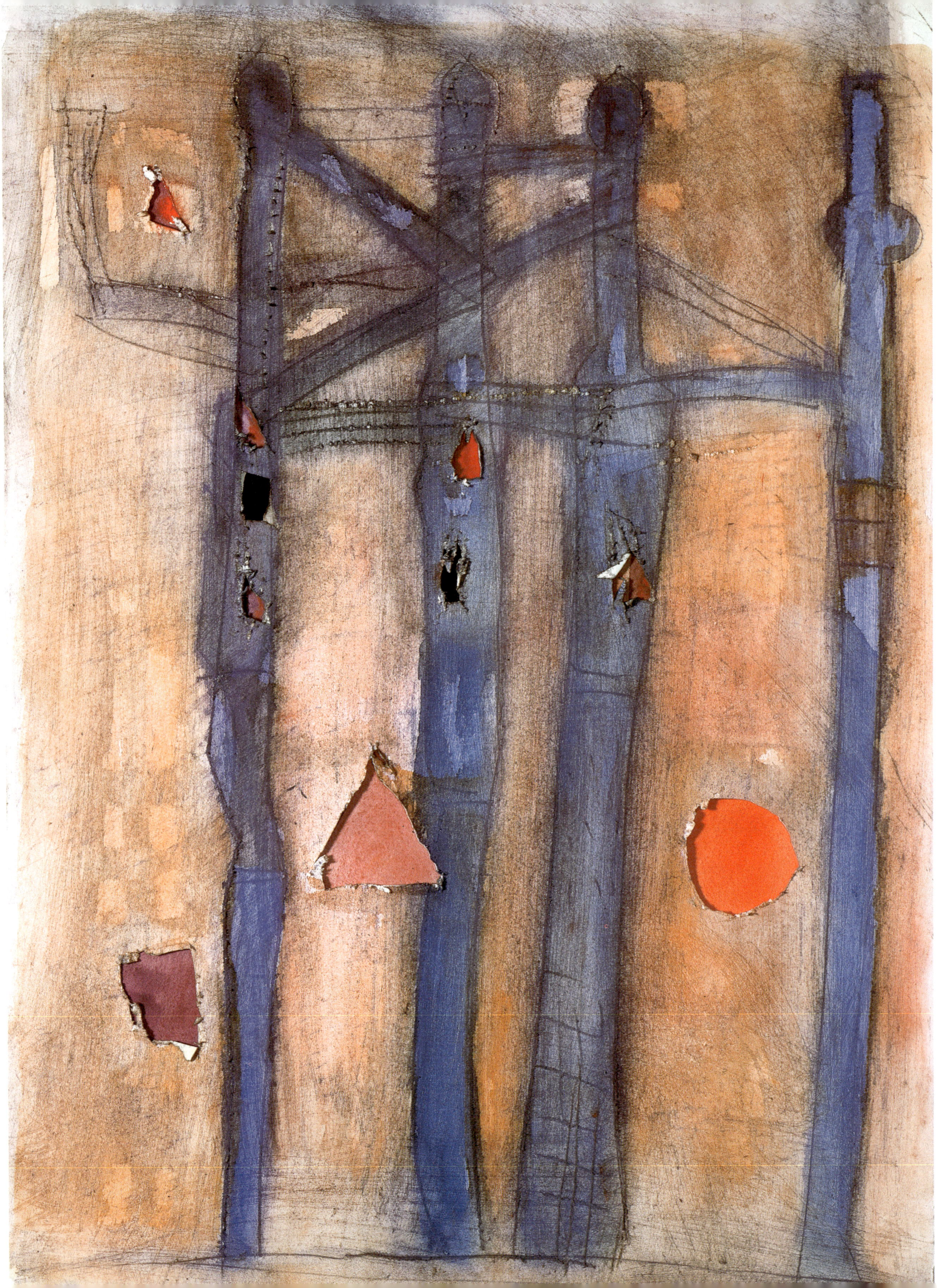

HILDE DOMIN
Herbst

Das Haus der Vögel entlaubt sich.
Wir haben Angst vor dem Herbst.
Manche von uns
malen den Toten das Gesicht
wenn sie fortziehn.
Denn wir fürchten den Winter.

Eine alte Frau. die vor uns stand,
war unser Windschutz,
unser Julilaub,
unsere Mutter,
deren Tod
uns
entblößt.

Manfred Hausmann
Kinder mit Papierlaternen

Sie haben Lichter, welche leise leben
im Innern des verhüllenden Papiers.
Ihr Gang ist wie ein feierliches Schweben,
sie sehn das Haus nicht, nicht den Baum daneben,
sie sehn das Licht nur, und das Licht ist ihrs.

So ziehen sie straßauf, straßab und tragen
den Schein durchs Dorf und durch den Abendwind
und lächeln, wenn sie einen Bogen schlagen,
und singen dann und wissen nicht zu sagen,
warum sie singen und so glücklich sind.

Nun schweben sie hinüber in die Heide.
Ein Mond, ein dunkelroter, geht voran,
dann kommen zwei ganz kleine, golden beide,
dann glimmt es bunt wie zaubrisches Geschmeide
und dann hellblau und wieder golden dann.

Und über ihnen steht in der geringen
und grauen Dämmerung der Große Bär.
Sie gehn am Armenhaus vorbei und schlingen
sich sacht zurück und gehn und gehn und singen
und möchten, daß es nie zu Ende wär.

JOHANNES BOBROWSKI
Der lettische Herbst

Das Tollkirschendickicht
ist geöffnet, er tritt
auf die Lichtung, vergessen wird
um die Birkenstümpfe der Hühnertanz, er geht
vorüber am Baum, den die Reiher umflogen, auf Wiesen,
er hat gesungen.

Ach daß der Schwaden Heu,
wo er lag in der hellen Nacht,
das Heu zerstreut mit den Winden
flög auf den Ufern –

wenn nicht mehr wach ist der Strom,
die Wolke über ihm, Stimme
der Vögel, Rufe:
Wir kommen nicht mehr –

Dann entzünd ich dein Licht,
das ich nicht sehn kann, die Hände
legt' ich darüber, dicht
um die Flamme, sie blieb
stehen rötlich vor lauter Nacht
(wie die Burg, die herabkam
über den Hang zerfallen,
wie mit Flügeln das Schlänglein
Licht durch den Strom, wie das Haar
des Judenkindes)
und brannte mich nicht.

*Im Herbst brach der Krieg aus, im Niemandsland
zwischen Zitrusfrüchten und Trauben.*

*Der Himmel ist blau wie Venen an den Schenkeln
einer geplagten Frau. Die Wüste –
ein Spiegel für den Beschauer.*

*Betrübte Männer tragen die Erinnerung an
ihre Lieben im Rucksack, in der Seitentasche,
im Patronengürtel, in den Säcken der Seele,
in schweren Traumblasen unter den Augen.*

                                                                                              JEHUDA AMICHAI

Manfred Hausmann
Herbst

*Die Schneegans
im Wolkendampf
mit ruhigem
Gesang
kennt ihren Weg.
Aber der Mensch
weiß nicht,
wohin.*

Nebelmorgen

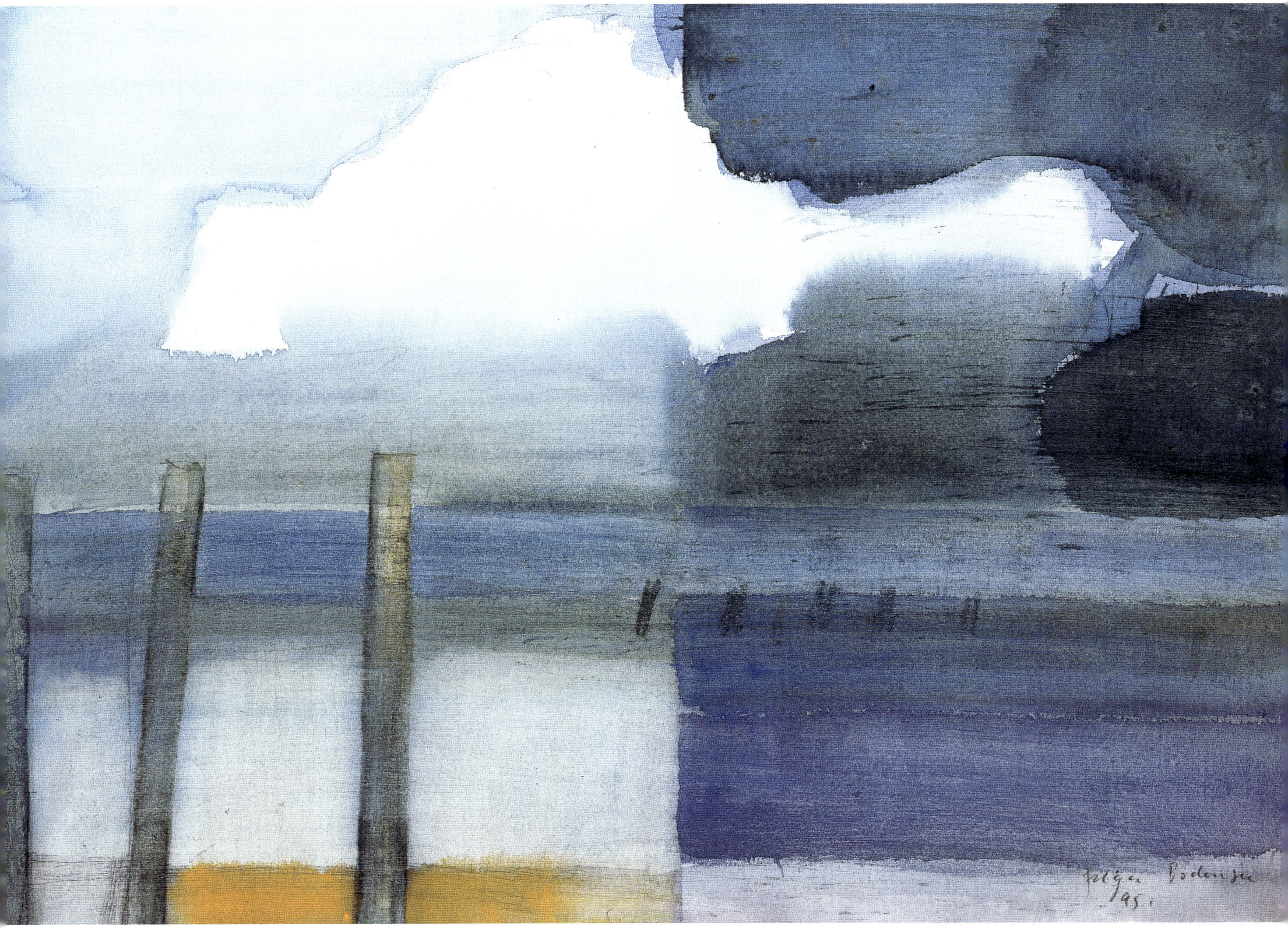
Bodensee
95.

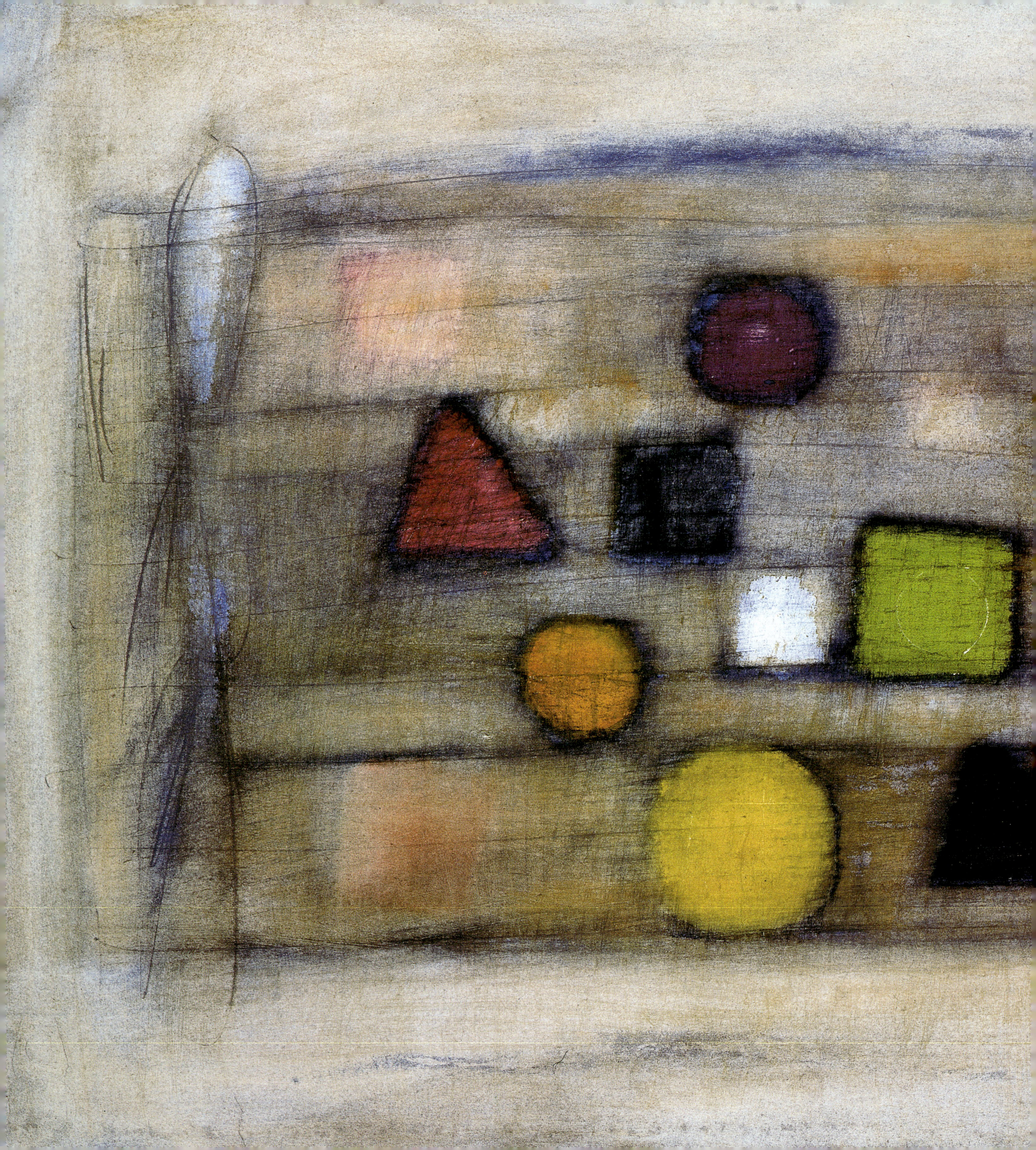

KARL KROLOW
Im Herbstnebel

Die Gehröcke der Vogelscheuchen
sind in Ackerfurchen
schlafen gegangen.
Sie üben ihr Sterben
im Winter.

Nebel kommt: –
eine Landschaft
mit verbundenen Augen.
Straßen und Bäume
spielen in ihr Blindekuh.

Der Maultrommel-Zupfer
versteckt sich
auf der unsichtbaren Gartenschaukel.
Gelangweilt wiegt er sich
auf hohem Meer,
strandend in einem Duft
von Aster, Bergamotte.

Das ist immer wunderlich ergreifend zu sehen, wie der Nebel alles Benachbarte und scheinbar Zusammengehörige trennt, wie er jede Gestalt umhüllt und abschließt und einsam macht ... Du glaubtest die ganze Umgebung auswendig zu kennen und bist nun eigentümlich erstaunt, wie weit jene Mauer von der Straße entfernt steht, wie hoch dieser Baum und wie niedrig jenes Häuschen ist. Hütten, die du eng benachbart glaubtest, liegen einander nun so ferne, daß von der Türschwelle der einen die andere dem Blick nicht mehr erreichbar ist. Und du hörst in nächster Nähe Menschen und Tiere, die du nicht sehen kannst, gehen und arbeiten und Rufe ausstoßen.

Hermann Hesse

Bedenkenlos,
den Vernebelungen zuwider,
glüht sich der hängende Leuchter
nach unten, zu uns

Vielarmiger Brand,
sucht jetzt sein Eisen, hört,
woher, aus Menschenhautnähe,
ein Zischen,

findet,
verliert,

schroff
liest sich, minutenlang,
die schwere,
schimmernde
Weisung.

PAUL CELAN

Zeit des Abschieds

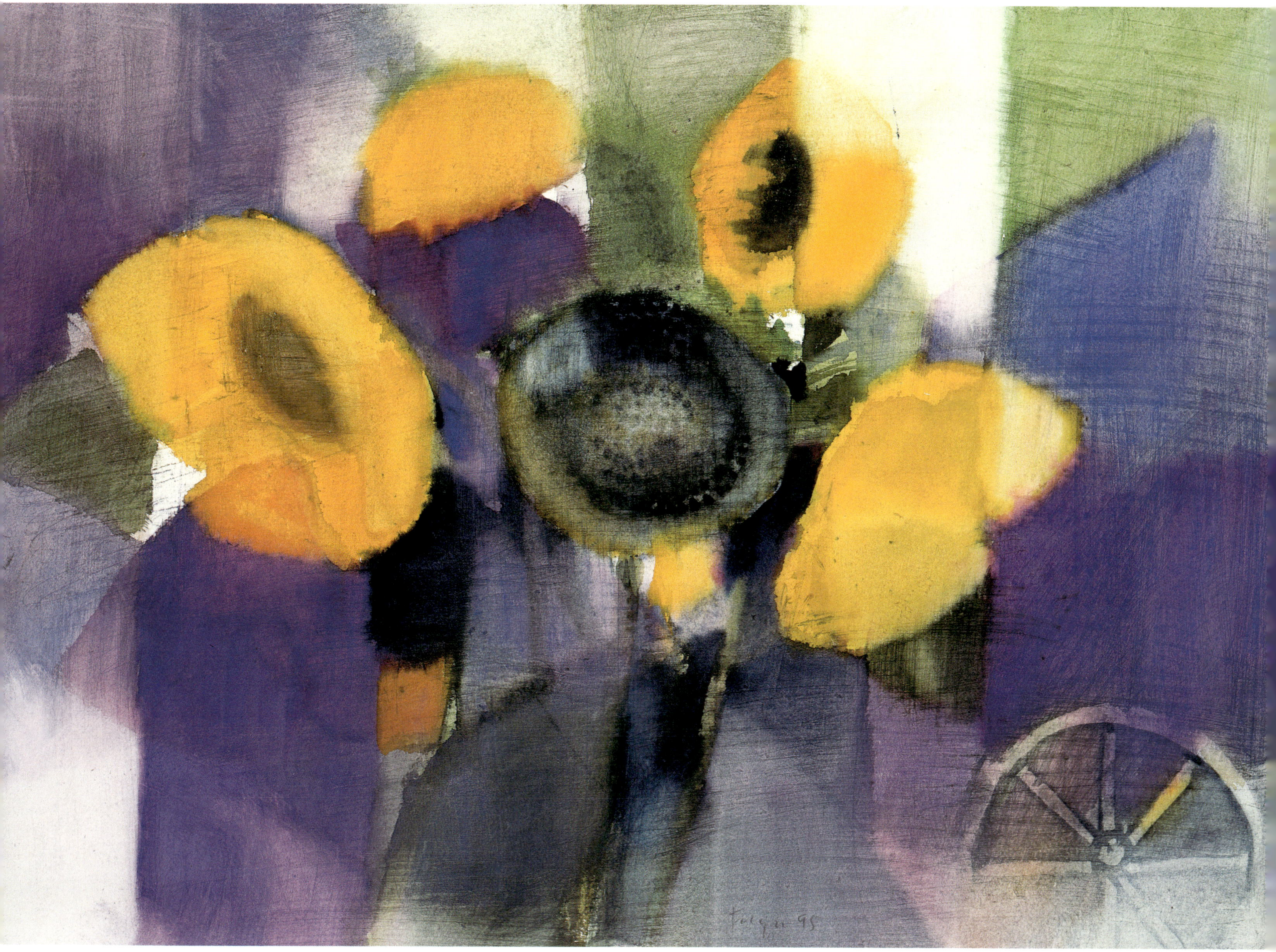

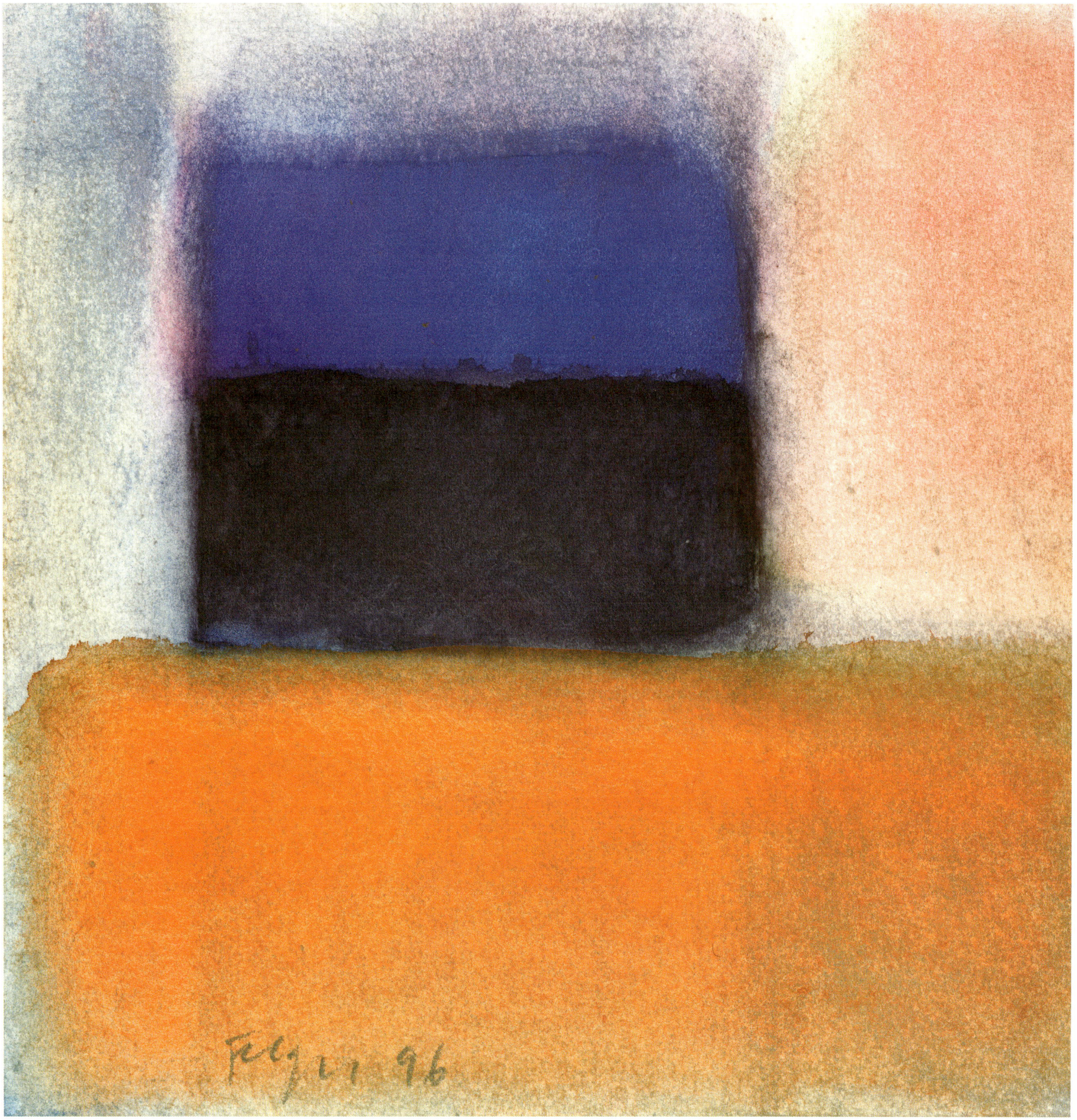

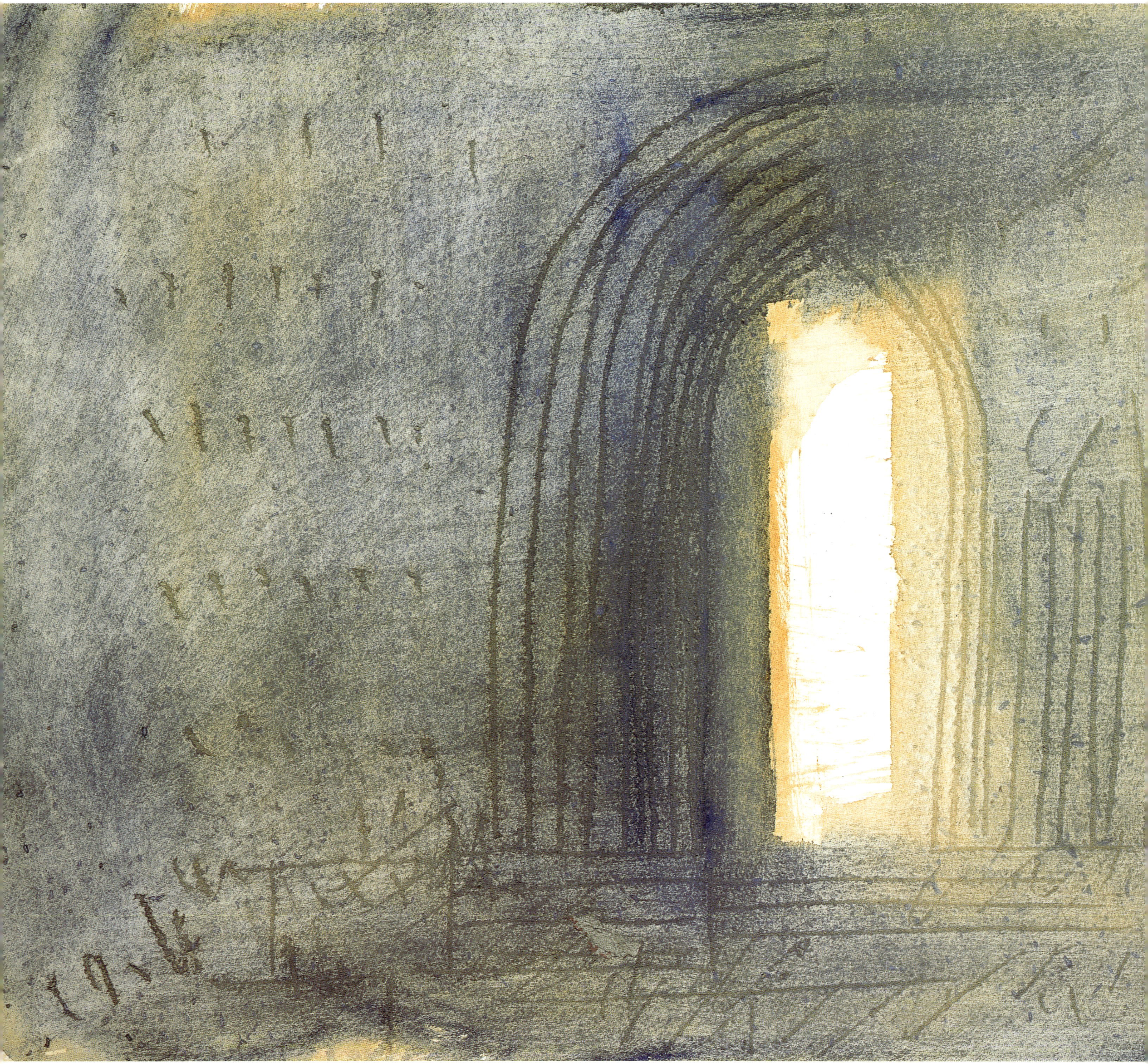

JOSEPH VON EICHENDORFF
Zum Abschied meiner Tochter

*Der Herbstwind schüttelt die Linde,
wie geht die Welt so geschwinde!
Halte dein Kindlein warm.
Der Sommer ist hingefahren,
da wir zusammen waren –
ach, die sich lieben, wie arm!*

*Wie arm, die sich lieben und scheiden!
Das haben erfahren wir beiden,
mir graut vor dem stillen Haus.
Dein Tüchlein noch läßt du wehen,
ich kanns vor Tränen kaum sehen,
schau still in die Gasse hinaus.*

*Die Gassen schauen noch nächtig,
es rasselt der Wagen bedächtig –
nun plötzlich rascher der Trott
durchs Tor in die Stille der Felder,
da grüßen so mutig die Wälder,
lieb Töchterlein, fahre mit Gott!*

Günter Kunert
Herbstanbruch in Arkadien

Ein Vogelzug; der letzte:
Keiner kehrt wieder.
Das abgefallene Blatt
wächst nicht mehr nach.
Nur der Asphalt erträgt
zeitweilig unsere Hast
mit der wir verschwinden.
Und der Einmarsch von Toten
hält an
lautlos gewöhnlich:
Unbesiegbare Macht:
Ungesichter:
... hier wir ...

Jehuda Amichai
Bald ist Herbst und Gedenken an meine Eltern

Bald ist Herbst. Letzte Früchte reifen
Und Menschen gehen auf Wegen, die sie nie betreten haben.
Das alte Haus beginnt seinen Bewohnern zu verzeihen.
Bäume werden schwarz vor Alter und Menschen weiß.
Der Regen kommt. Der Rostgeruch wird frisch
Und erfreut das Herz wie der Duft der Blüten im Frühling.

In den Ländern des Nordens sagt man, noch sind die meisten
Blätter auf den Bäumen, und bei uns sagt man
Noch sind die meisten Wörter auf den Menschen
Unser Blätterfall wirft andere Dinge weg.

Bald ist Herbst. Es ist Zeit, meiner Eltern zu gedenken
Ich denke an sie wie an die einfachen
Spielsachen meiner Kindheit
Sie drehen sich in kleinen Kreisen
Knattern leise, heben einen Fuß
Schwingen einen Arm, bewegen den Kopf
Von einer Seite zur anderen im langsamen Rhythmus.
Die Feder in ihrem Bauch, der Schlüssel in ihrem Rücken
Und plötzlich halten sie inne und erstarren
Für immer in ihrer letzten Bewegung.

So gedenke ich meiner Eltern
Und ihrer Worte.

Horst Bienek

Der langsame Abschied

für Wolfgang Koeppen

Die Wolken hängen tief
gleich wird es regnen
Nimm eine Hand voll Kies
wie schwer das wiegt
vor der Trauer

Im Radio höre ich eine fremde Stimme
aber der Text dieser Wörter
diese Sätze aus Erfahrungen und Büchern
aus Gesprächen vertraut
sie können nur von Dir sein
Ich habe mich nicht getäuscht
In der Absage nennen sie Deinen Namen

Ich habe angerufen Ich weiß
daß Du zu Haus bist Aber
Du gehst nicht ans Telefon
Du siehst vor Deinem Fenster
die Kastanien sich rot färben.
Bald kommt der Winter.

Zeit des Abschieds
Jeder Tag ein Stück mehr
Manchmal wünschst Du Dir
der Winter möge immer dauern

Länger als Dein Leben

ELSE LASKER-SCHÜLER
Herbst

Ich pflücke mir am Weg das letzte Tausendschön . . . . .
Es kam ein Engel mir mein Totenkleid zu nähen –
Denn ich muß andere Welten weiter tragen.

Das ewige Leben dem, der viel von Liebe weiß zu sagen.
Ein Mensch der Liebe kann nur auferstehen!
Haß schachtelt ein! wie hoch die Fackel auch mag schlagen.

Ich will dir viel viel Liebe sagen –
Wenn auch schon kühle Winde wehen,
In Wirbeln sich um Bäume drehen,
Um Herzen, die in ihren Wiegen lagen.

Mir ist auf Erden weh geschehen . . . . .
Der Mond gibt Antwort dir auf deine Fragen.
Er sah verhängt mich auch an Tagen,
Die zaghaft ich beging auf Zehen.

Im schwarzen Grün

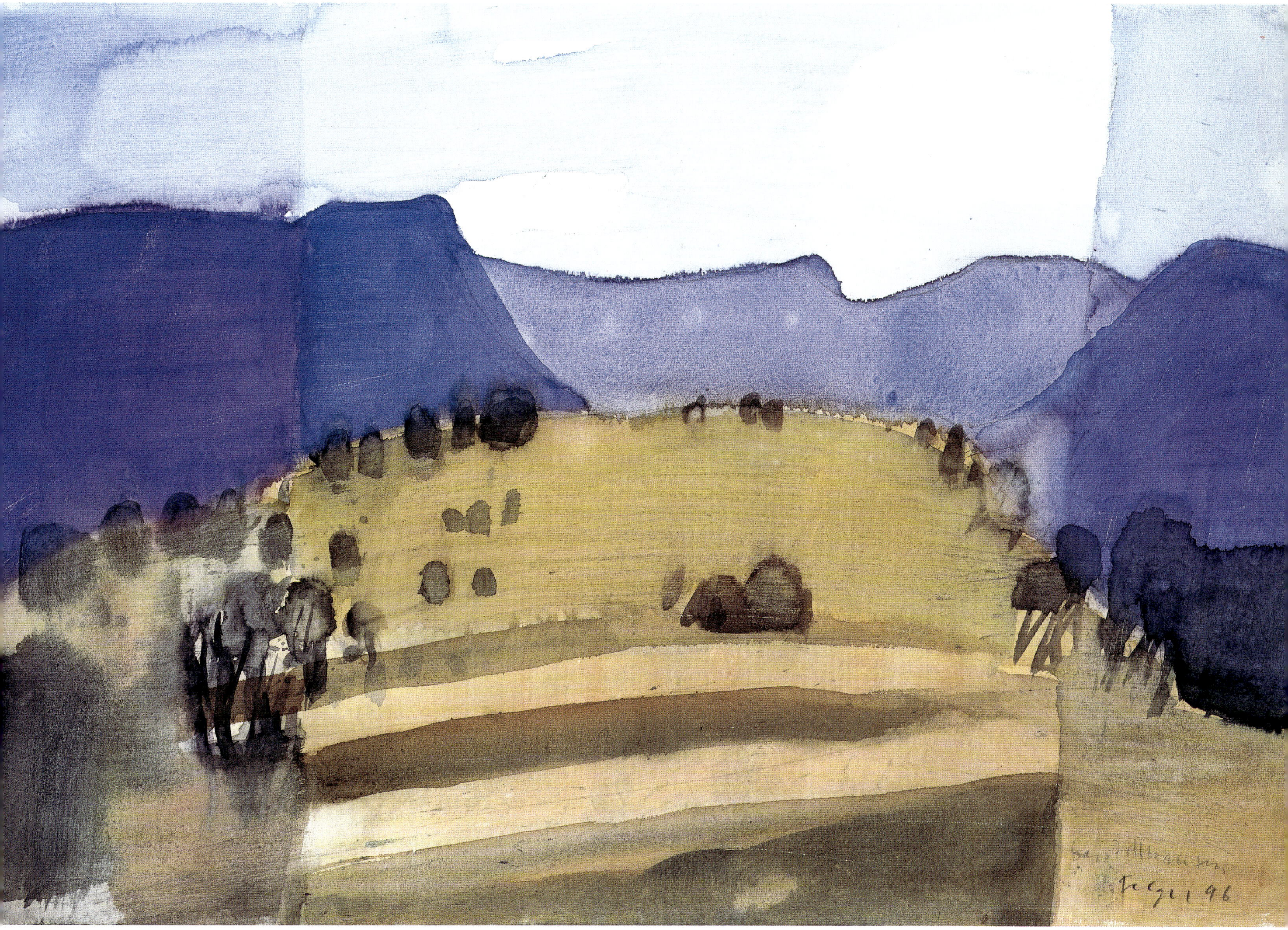

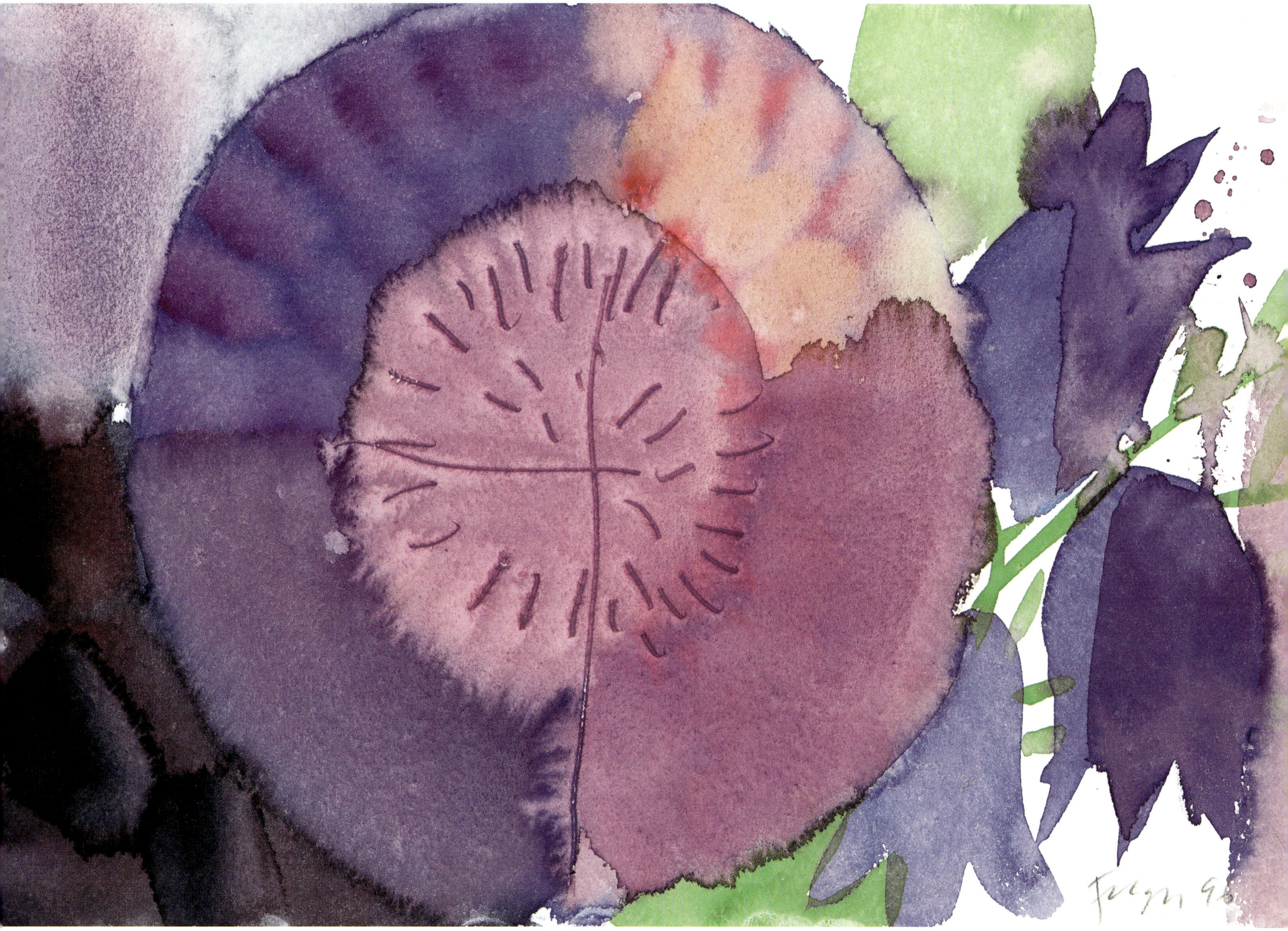

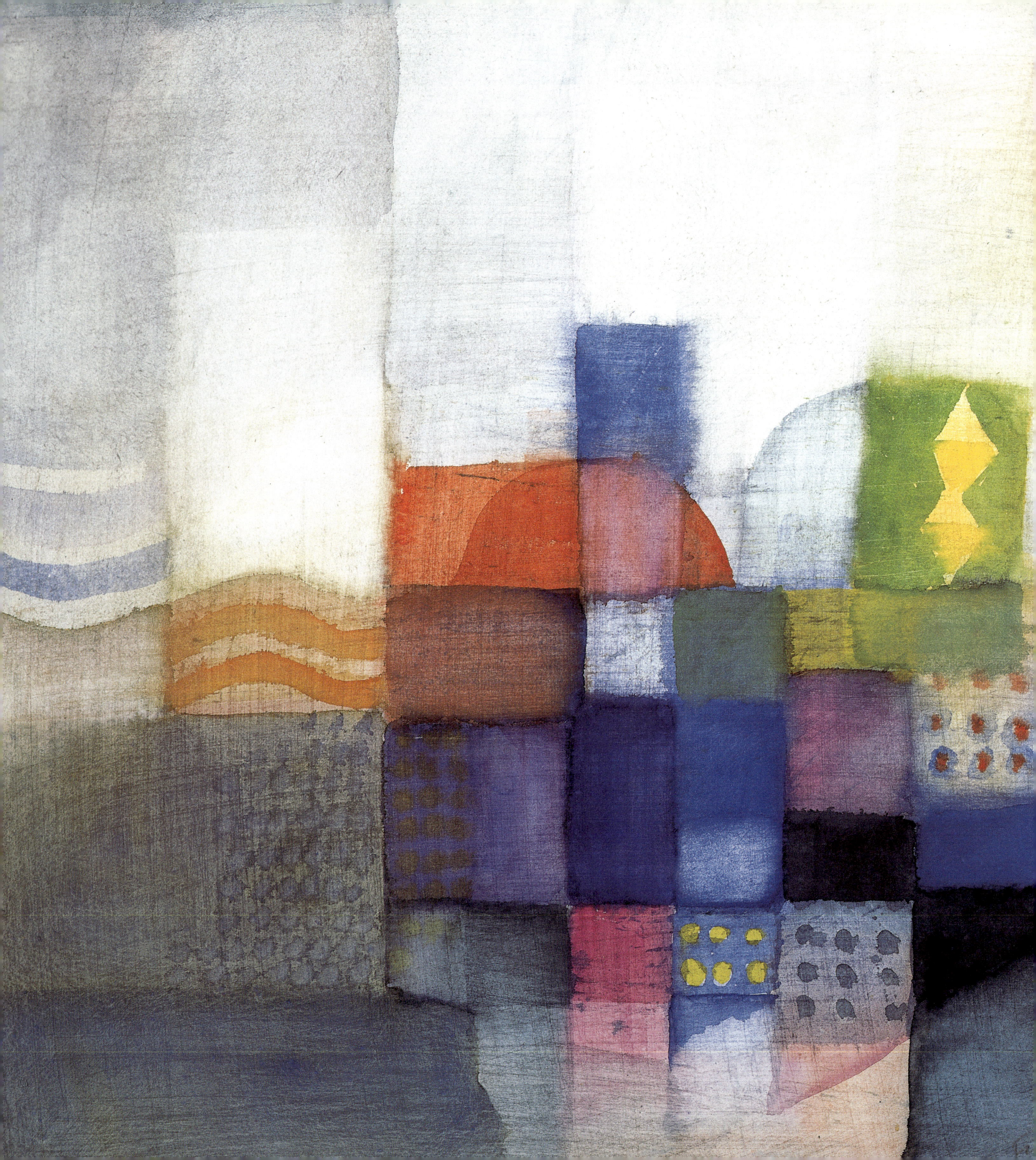

Albrecht Goes
B–A–C–H

Ist ein Oktobertag im offnen Land
Mit frischem Rostbraun und verhangnem Golde,
Gepflügt der Acker, Atem der Erquickung –
O große Erde vor dem größren Himmel!

Und anders noch: ein Mann ist, reif im Jahr,
Bestellt zum Weg der Sorge und der Liebe
Durchs Totenhaus der Welt, und ach! durch alles
Geflecht des Lebens, arg und unentwirrt.

Er aber wagt sein Herz dem Gott entgegen,
Dem Gang der Sonnen und dem Stand der Sterne:
Aufblüht Gesetz. Er schaut. Er horcht. Er schweigt.
Er schreibt. Und unterschreibt: b–a–c–h.

So ist uns dieses, Freunde, anvertraut
Wie Tag und Leben ringsumher. Und wie
Ein heilig Lied, als von dem Grund der Welten,
Jubel und Wahrheit, Mahnung ganz und Trost.

Und im Herbst der welkenden Façaden
Grau begreifen bis heran ans Rot,
mit dem vielen Leben überladen
das gedrängt aus allen Dingen droht.

Rainer Maria Rilke

Eduard Mörike
Septembermorgen

Im Nebel ruhet noch die Welt,
Noch träumen Wald und Wiesen:
Bald siehst du, wenn der Schleier fällt,
Den blauen Himmel unverstellt,
Herbstkräftig die gedämpfte Welt
In warmem Golde fließen.

Georg Trakl
Der Herbst des Einsamen

Der dunkle Herbst kehrt ein voll Frucht und Fülle,
Vergilbter Glanz von schönen Sommertagen.
Ein reines Blau tritt aus verfallner Hülle;
Der Flug der Vögel tönt von alten Sagen.
Gekeltert ist der Wein, die milde Stille
Erfüllt von leiser Antwort dunkler Fragen.

Und hier und dort ein Kreuz auf ödem Hügel;
Im roten Wald verliert sich eine Herde.
Die Wolke wandert übern Weiherspiegel;
Es ruht des Landmanns ruhige Gebärde.
Sehr leise rührt des Abends blauer Flügel
Ein Dach von dürrem Stroh, die schwarze Erde.

Bald nisten Sterne in des Müden Brauen;
In kühle Stuben kehrt ein still Bescheiden
Und Engel treten leise aus den blauen
Augen der Liebenden, die sanfter leiden.
Es rauscht das Rohr; anfällt ein knöchern Grauen,
Wenn schwarz der Tau tropft von den kahlen Weiden.

CARL ZUCKMAYER
Die Tage werden schmal

Der Herbst ging ins Gefilde,
Der Wald entflammte rot,
Der Jäger hing am Wilde
Mit Hunger, Gier und Not,
Die Hindin lächelt milde
Und blutet sich zu Tod.

Es trieb im stumpfem Keile
Der wilden Gänse Zug,
Der Baum zerbarst am Beile,
Der Wind ins Röhricht schlug,
Und dampfend brach die Zeile
Des Ackers hinterm Pflug.

Des Nachts aus Schwärzen schnaubte
Der Hirsche Sucht und Qual,
Der Sturm den Wald entlaubte,
Der Nebel rinnt ins Tal.
Rauhreif die Fichten staubte –
Die Tage werden schmal.

Hermann Lenz
Herbstlicht

Es kam wieder in ihm herauf, das Zeitgefühl von damals. Du hast's eingesargt in deinen Büchern. Dort lag's, und er hatte nicht die Absicht, es jemals wieder aufzuwecken. Oder war es immer in ihm und bestimmte jeden Gedanken und jedes Gefühl? Gut möglich. Und er wandte sich dem klaren Herbstlicht zu, das vor seiner Dachstube blau emporstieg über einer ausgeblasenen Schwarzpappel; die spannte sich als weites Ästegespinst vor dem Himmel, Westen zu. Noch hatte ein Kirschbaum zugespitzte gelbe Blätter, und in Nachbars Gebüsch hingen dicke Beerenbüschel.

Geh ein bißchen draußen herum, dachte er und fragte Hanne, was sie zu dem Wetter meine. „Ob wir einen Rucksackspaziergang wagen können, draußen vor dem Land hinter Grafrath?" – „Ja, gut", sagte sie, und beide fuhren mit der S-Bahn wieder mal ins Freie.

Im Wald hatte der Boden gelbe Lärchennadeln, ein feiner Belag auf dem Blätterbraun. Auch der Geruch des Welkens, dieser gärende Hauch, war wieder da, und im Licht zwischen kahlen Zweigen ragte ein ausgehöhlter Baumstumpf, innen und außen dick mit Moos belegt, als grüne Röhre aus dem Boden.

Manchmal wurden kleine Blätter von Sonne durchschienen und bewegten sich wie Flügel, eine Sommer-Erinnerung, als das Licht jung gewesen war. Jetzt sah es aus, als ob es noch einmal das Schöne zeigen wolle, ohne Früchte, nur noch mit wenigen Blumen.

Obstbäume hatten ein schwarzes Flechtwerk aus Ästen. Das sah im ruhigen Licht wie ein dunkler Mantel aus, der auf dem Grasleib lag. Das Gras erschien immer noch frisch, und es tat wohl, zu sehen, wie es lebte. Wiesen lagen zwischen Äckern mit glänzenden Schollen. Das Schwarze und das Grüne grenzten aneinander, und darüber stieg der Himmel in die Höhe, durchzogen von weißen Kondensstreifen hoch fliegender Maschinen, die nur als ein winziger, zuweilen aufblitzender Kopf der langen und dünnen Flugzeugspur zu sehen waren. Dann wurden sie flaumig und lösten sich auf.

*Im schwarzen Grün des Laubes
hellblaue Birnen.
Septemberabend.*

TOYOTAMA TSUNO

Wie alles sich verwandelt

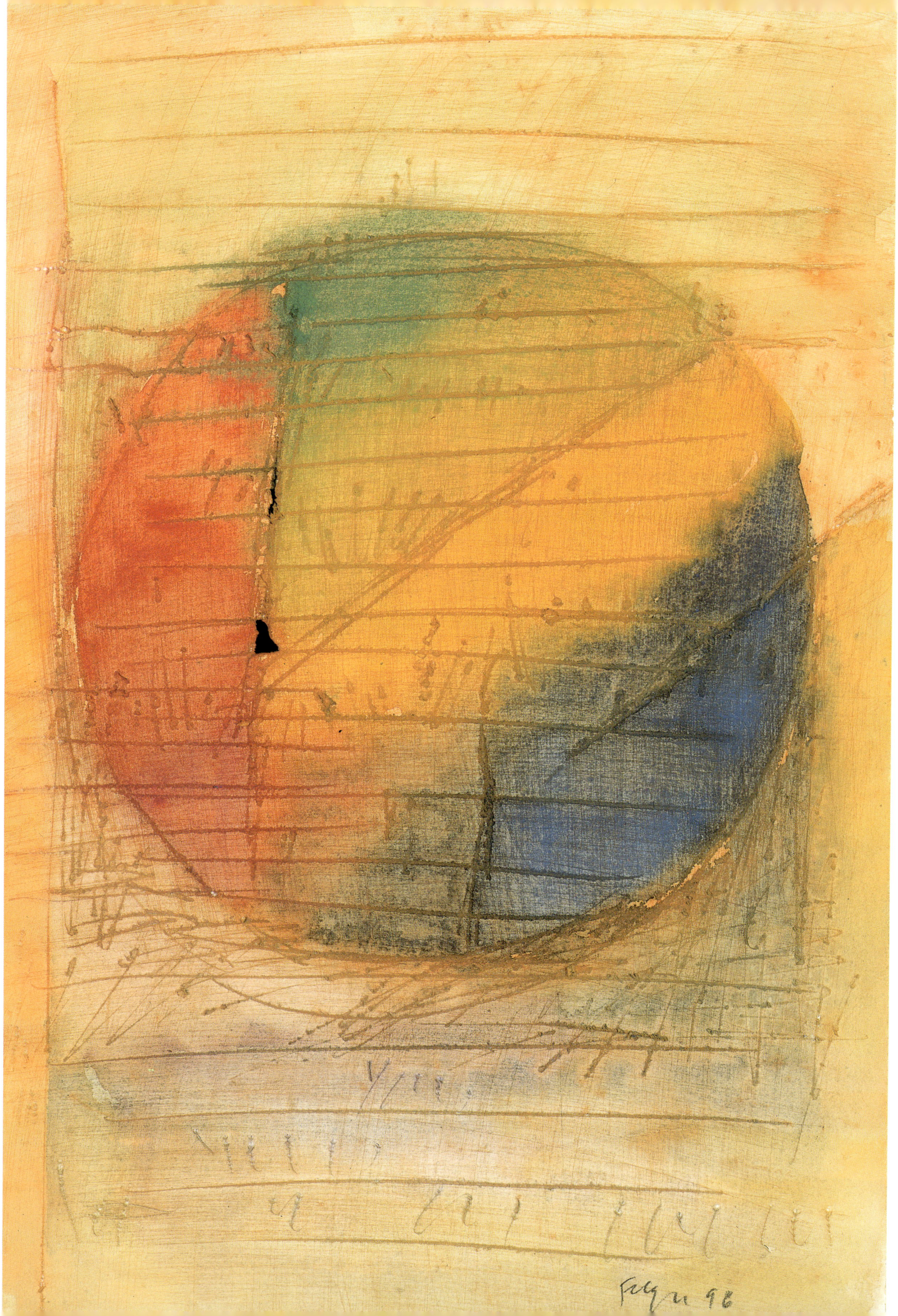

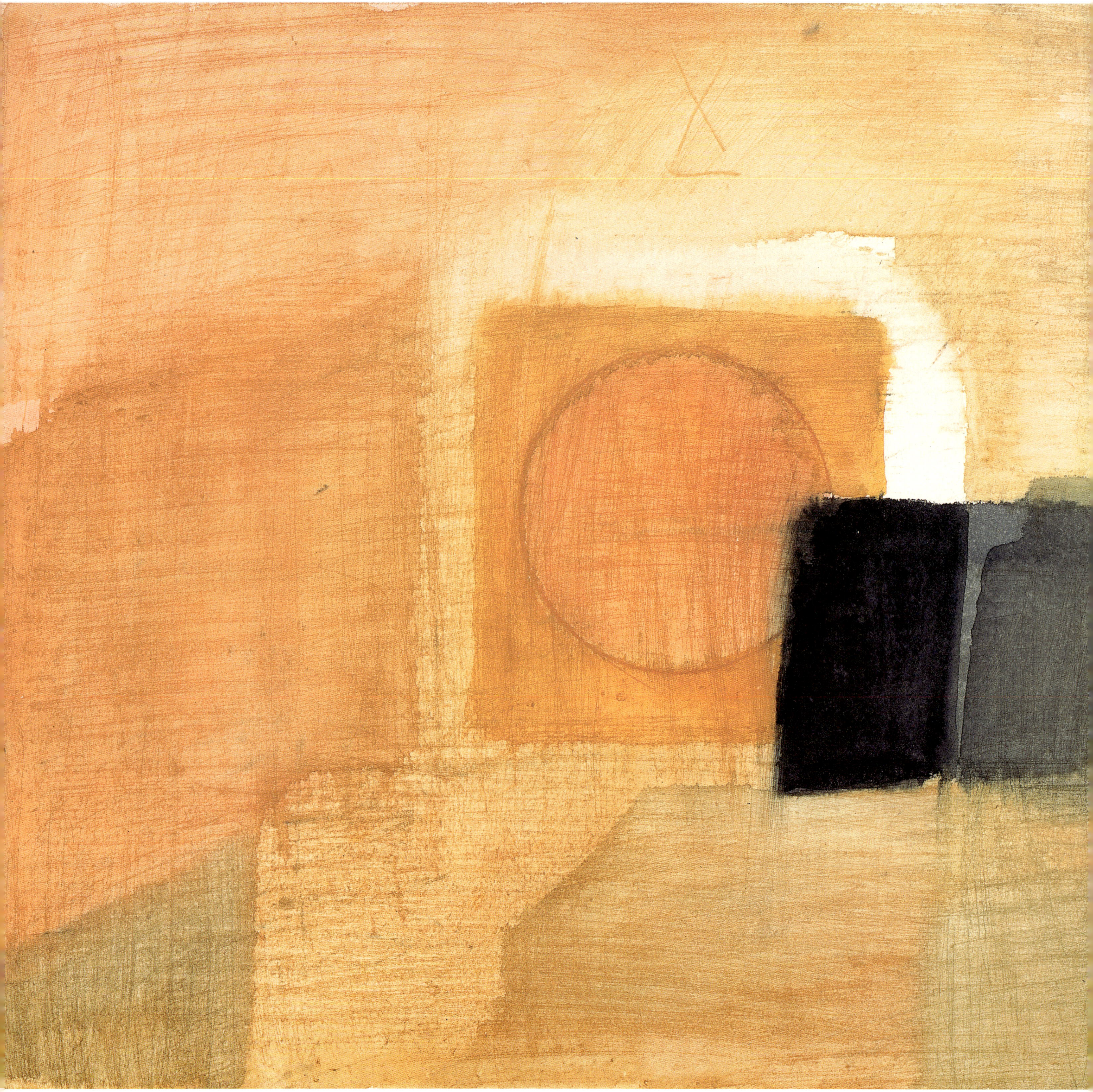

STEFAN ZWEIG
Herbst

Traumstill die Welt. Nur ab und zu ein heisrer Schrei
Von Raben, die verflatternd um die Stoppeln streichen.
Der düstre Himmel drückt wie mattes schweres Blei
Ins Land hinab. Und sacht mit seinen sammetweichen
Schleichschritten geht der Herbst durch Grau und Einerlei.

Und in sein schweres Schweigen geh auch ich hinein,
Der unbefriedigt von des Sommers Glanz geschieden.
Die linde Stille schläfert meine Wünsche ein.
Mir wird der Herbst so nah. Ich fühle seinen Frieden:
Mein Herz wird reich und groß in weitem Einsamsein.

Denn Schwermut, die die dunklen Dörfer überweht,
Hat meiner Seele viel von ihrem Glück gegeben.
Nun tönt sie leiser, eine Glocke zum Gebet,
Und glockenrein und abendmild scheint mir mein Leben,
Seit es des Herbstes ernstes Bruderwort versteht.

Nun will ich ruhen wie das müde dunkle Land ...
Beglückter geht mein Träumerschritt in leise Stunden,
Und sanfter fühle ich der Sehnsucht heiße Hand.
Mir ist, als hätt ich einen treuen Freund gefunden.
Der mir oft nahe war und den ich nie gekannt ...

Peter Baumhauer
Herbst

im schütteren licht
gingen die Schwalben

jetzt singen die dächer
nicht mehr

schnee
keimt

RAINER MARIA RILKE
Ende des Herbstes

Ich sehe seit einer Zeit.
wie alles sich verwandelt.
Etwas steht auf und handelt
und tötet und tut Leid.

Von Mal zu Mal sind all
die Gärten nicht dieselben;
von den gilbenden zu der gelben
langsamem Verfall:
wie war der Weg mir weit

Jetzt bin ich bei den leeren
und schaue durch alle Alleen.
Fast bis zu den fernen Meeren
kann ich den ernsten schweren
verwehrenden Himmel sehn.

Albrecht Goes
Spät im Jahr

Habt Vorrat ihr genug, ihr meine Augen,
Für einen Winter, lang und weiß und grau?
Nehmt noch dies Asternrot, dies weiche Lila,
Dies späte Gelb, dies herbstlich klare Blau

Und nehmt den Silberglanz der großen Flüge
Des Habichts und des Eichelhähers wahr,
Und auch den Birnbaum nehmt, ein goldnes Gleichnis
Des Überschwangs vom segensreichen Jahr.

Und endlich nehmt das Lächeln und die reine
Strahlung des schönen Menschenangesichts,
Und alle Nacht wird herrlich euch erhellt sein
Vom farbgen Widerschein geliebten Lichts.

101

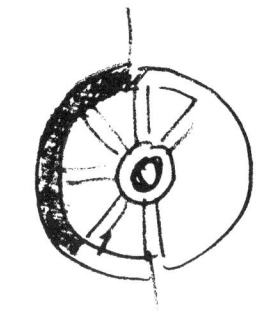

BIBLIOGRAPHIE

Martin Gutl, Andreas Felger DU BIST ABRAHAM Holzschnitte und Meditationen. Präsenz/Styria 1977

DAS HOHELIED übertragen von Helmut Lamparter. Holzschnitte. Präsenz/R.Brockhaus 1981 (2. Auflage 1983)

DER PREDIGER SALOMO Holzschnitte. Präsenz 1982

Andreas Felger, Manfred Siebald KREUZSCHNABEL Lyrische Texte, Holzschnitte und Vignetten. Präsenz/R. Brockhaus 1983

Andreas Felger FARBHOLZSCHNITTE, BILDER, RELIEFS Ein Querschnitt seines Schaffens 1973–1985. Präsenz 1985

Romano Guardini, Andreas Felger SO VIELEN HAST DU GEHOLFEN Holzschnitte und Meditationen. Präsenz/Grünewald 1987

Solomo, Andreas Felger MIT DEM HERZEN FEIERN Das Lied der Liebe, Aquarelle. Präsenz 1988 (3. Auflage 1994)

Martin Buber, Andreas Felger IMMER NUR DU Preisungen nach Martin Buber und Aquarelle. Präsenz 1990 (3. Auflage 1992)

Albrecht Goes, Andreas Felger UNTER DEM OFFENEN HIMMEL Gedichte und Holzschnitte. Präsenz 1990

Oliver Kohler, Andreas Felger KNOSPEN IM FRÜHWIND Gedichte und Monotypien. Präsenz 1991

Heinrich Spaemann, Andreas Felger EMMAUS – EIN WEG Meditationen, Zeichnungen und Holzschnitte. Präsenz 1991

Ulrich Wilkens, Andreas Felger IM ANFANG ER Das Johannesevangelium neu übersetzt, Ölbilder und Skizzen. Präsenz 1991

Andreas Felger FARBWERDUNG Aquarelle und Gedichte, Geleitwort von Albrecht Goes. Präsenz 1992 (2. Auflage 1993, 3. Auflage 1998)

Andreas Felger FRAGMENTE DER HOFFNUNG Ölbilder einer Reise, Bildbetrachtungen von Albrecht Fürst zu Castell-Castell und Oliver Kohler. Präsenz 1993

Andreas Felger, Abba Kovner, Nelly Sachs, Arnold Schönberg FREMDLING DU Holzschnitte, Poesie und Musik (CD), viersprachig in Deutsch, Englisch, Hebräisch und Jiddisch. Schocken/Präsenz 1993

Martin Buber, Andreas Felger UM DEN MORGEN ISTS JUBEL Preisungen nach Martin Buber und Aquarelle. Präsenz 1994

Andreas Felger ALB Aquarelle und Skizzen, Geleitwort von Albrecht Goes. Präsenz 1995

Andreas Felger BOTEN Aquarelle und Skizzen. Präsenz 1996

Andreas Felger FARBUFER Bodensee-Aquarelle und Farbskizzen. Präsenz 1997

QUELLEN

JEHUDA AMICHAI Im Herbst brach der Krieg aus ... (aus dem Zyklus »Jerusalem 1973«)
aus: Wie schön sind deine Zelte, Jakob, Gedichte. © Piper Verlag GmbH, München 1988

JEHUDA AMICHAI Bald ist Herbst und Gedenken an meine Eltern
aus: Auch eine Faust war einmal eine offene Hand. © Piper Verlag GmbH, München, 1994

INGEBORG BACHMANN Fall ab, Herz
aus: Werke, Bd. 1. © Piper Verlag GmbH, München, 1978

PETER BAUMHAUER Herbst
aus: Schatten von weither, Gedichte, Bilder, Meditationen. © Klöpfer, Meyer und Co Verlagsgesellschaft mbH, Tübingen, 1996

HORST BIENEK Der langsame Abschied
aus: Wer antwortet wem? Gedichte. © Carl Hanser Verlag, München/Wien, 1991

JOHANNES BOBROWSKI Der lettische Herbst
aus: Gesammelte Werke, Bd. 1. © Buchverlag Union, Berlin, 1987

PAUL CELAN Bedenkenlos
aus: Eingedunkelt. Gedichte. © Suhrkamp Verlag, Frankfurt am Main, 1991

DAWID Dir ist Preisung geziehmend (Psalm 65)
aus: Das Buch der Preisungen. Verdeutscht von Martin Buber. © Verlag Lambert Schneider, Gerlingen, 10. Auflage 1992

HILDE DOMIN Herbst
aus: Gesammelte Gedichte. © S. Fischer Verlag, Frankfurt am Main, 1987

CORDELIA EDVARDSON Småland im Herbst ...
aus: Jerusalems Lächeln, Gedichte. Aus dem Schwedischen von Anna-Liese Kornitzky. © Carl Hanser Verlag, München/Wien, 1986

RICHARD EXNER Sommerwende
aus: Gedichte 1953–1991. © Radius Verlag, Stuttgart, 1994

ALBRECHT GOES B–A–C–H
aus: Leicht und schwer, Gedichte. © S. Fischer Verlag, Frankfurt am Main, 1998

ALBRECHT GOES Spät im Jahr
aus: Leicht und schwer, Gedichte. © S. Fischer Verlag, Frankfurt am Main, 1998

MANFRED HAUSMANN Herbst
aus: Jahre des Lebens, S. 77. © Neukirchener Verlag, Neukirchen-Vluyn, 1974

MANFRED HAUSMANN Kinder mit Papierlaternen
aus: Jahre des Lebens, S. 97. © Neukirchener Verlag, Neukirchen-Vluyn, 1974

Joseph von Eichendorff 1788–1857 Zum Abschied meiner Tochter

Hermann Hesse O wie schnell ... (Auszug aus: Herbst 1926)
aus: Gesammelte Werke. © Suhrkamp Verlag, Frankfurt am Main, 1970

Hermann Hesse Verfrühter Herbst
aus: Gesammelte Werke, Bd.1: Die Gedichte. © Suhrkamp Verlag, Frankfurt am Main, 1970

Hermann Hesse Das ist immer wieder wunderlich ... (1906)
aus: Gesammelte Werke, Bd. 2: S. 266 f. © Suhrkamp Verlag, Frankfurt am Main, 1970

Johann Ludwig Huber 1723–1800 Die Ernt ist da ...

Karl Krolow Im Herbstnebel
aus: Unsichtbare Hände, Gedichte. © Suhrkamp Verlag, Frankfurt am Main, 1962

Günter Kunert Herbstanbruch in Arkadien
aus: Fremd daheim, Gedichte. © Carl Hanser Verlag, München/Wien, 1990

Günter Kunert Dem Oktober zu
aus: Mein Golem, Gedichte. © Carl Hanser Verlag, München/Wien, 1996

Kyoshi Traumstiller Septembertag
aus: Japanische Lyrik. Übertragen von Manfred Hausmann.
© Verlags AG Die Arche, Zürich, 1974, 1980, 1990

Else Lasker-Schüler Herbst
aus: Gedichte 1902–1943. © Suhrkamp Verlag, Frankfurt am Main, 1996

Hermann Lenz Herbstlicht
aus: Ein Lesebuch. © Insel Verlag, Frankfurt am Main, 1993

Jacques Lusseyran So lernte ich ...
aus: Das wiedergefundene Licht. Aus dem Französischen von Uta Schmalzriedt. © Jaques Lusseyran 1966. Klett-Cotta, Stuttgart, 1966, 11. Auflage 1994

Eduard Mörike 1804–1875 Septembermorgen

Rainer Maria Rilke 1875–1926
Herbst-Abend (1907)
Und im Herbst ... (1907)
Ende des Herbstes (1902 / 1906)

Reinhold Schneider Gerne denke ich ...
aus: Verhüllter Tag. © Insel Verlag, Frankfurt am Main, 1978

Rudolf Alexander Schröder September-Ode
aus: Fülle des Daseins. © Suhrkamp Verlag, Frankfurt am Main, 1958

Jan Skácel alles schmerzt ...
aus: wundklee, gedichte. Übertragen von Reiner Kunze. © S. Fischer Verlag, Frankfurt am Main, 1982

Jan Skácel zurückzukehrn ...
aus: wundklee, gedichte. Übertragen von Reiner Kunze. © S. Fischer Verlag, Frankfurt am Main, 1982

Gerold Späth Wenn es Herbst werden mußte ...
aus: Stilles Gelände am See. © Suhrkamp Verlag, Frankfurt am Main, 1991

Theodor Storm 1817–1888 Im Herbste (1852)

Georg Trakl 1887–1914 Der Herbst des Einsamen

Toyotama Tsuno Im schwarzen Grün des Laubes
aus: Japanische Lyrik. Übertragen von Manfred Hausmann.
© Verlags AG Die Arche, Zürich, 1974, 1980, 1990

Johann Heinrich Voss 1751–1826 Obstlied

Carl Zuckmayer Die Tage werden schmal
aus: Abschied und Wiederkehr, Gedichte. © S. Fischer Verlag, Frankfurt am Main, 1997

Stefan Zweig Herbst
aus: ders., Silberne Saiten. © S. Fischer Verlag, Frankfurt am Main, 1982

Goldnes Gleichnis
Herbst

Aquarelle:
Andreas Felger, Gnadenthal
Textauswahl:
Oliver Kohler, Mainz
Buchdesign:
Albert Müllenborn, Wülfrath

Reproduktionen:
Digital Design Borgers,
Hünstetten-Wallrabenstein
Druck:
Grafische Werkstätte der
Gustav Werner Stiftung, Reutlingen
Buchbindearbeiten:
Realwerk G. Lachenmaier,
Reutlingen

© Bilder:
Präsenz Verlag, Gnadenthal
Alle Rechte vorbehalten

ISBN 3-87630-506-3

Printed in Germany
1998

Präsenz Verlag
65597 Gnadenthal